KB123698

이순신의 『난중일기』 읽기

세창명저산책_077

이순신의 『난중일기』 읽기

초판 1쇄 인쇄   2020년 11월 18일
초판 1쇄 발행   2020년 11월 25일

–

지은이   김경수
펴낸이   이방원
기획위원   원당희
편 집   정우경·김명희·안효희·정조연·송원빈·최선희·조상희
디자인   손경화·박혜옥·양혜진   **영 업**   최성수   **마케팅**   이예희

–

펴낸곳   세창미디어

　　　　신고번호 제312-2013-000002호 **주소** 03735 서울시 서대문구 경기대로 88 냉천빌딩 4층
　　　　전화 723-8660 **팩스** 720-4579 **이메일** edit@sechangpub.co.kr **홈페이지** http://www.sechangpub.co.kr
　　　　블로그 blog.naver.com/scpc1992 **페이스북** fb.me/Sechangofficial **인스타그램** @sechang_official

–

ISBN   978-89-5586-632-2   02910

© 김경수, 2020

이 도서의 국립중앙도서관 출판예정도서목록(CIP)은 서지정보유통지원시스템 홈페이지(http://seoji.nl.go.kr)와
국가자료종합목록 구축시스템(http://kolis-net.nl.go.kr)에서 이용하실 수 있습니다.(CIP제어번호: CIP2020047183)

세창명저산책_077

이순신의
『난중일기』 읽기

김경수 지음

세창미디어
MEDIA

亂中日記

대한민국 국민들에게 역사상 가장 존경하는 사람이 누구냐고 묻는다면 대부분 세종 아니면 이순신을 첫 번째로 꼽을 것이다. 역사 속 다양한 위인들에 대한 정보가 부족해서가 아니라, 제도권 교육의 인물 평가에 오랜 시간 익숙해져 있기 때문이라고 생각된다.

국민 대부분이 존경하는 인물이다 보니, 우리는 대한민국의 중심이자 조선의 역사성을 고스란히 간직하고 있는 광화문 앞 두 분의 동상을 당연하게 여긴다. 화폐에 들어 있는 두 분의 초상화 역시 익숙하게 받아들이고 있다. 물론 대한민국 국민들에게 세종과 이순신의 존재감은 무겁고 크지만, 이처럼 살갑게 다가오기도 하는 것이다.

그런데 우리는 과연 두 분의 성향을 얼마나 이해하고 있는

가? 빛나는 업적에만 집중한 나머지, 이면의 인간적 면모가 주는 교훈은 놓치고 있는 것이 아닐까? 이제는 새로운 인간적 유산에도 눈길을 돌려야 할 때이다.

세종이 한글을 창제하고 많은 과학기구를 제작하여 삶의 질을 높였다는 사실만으로는 새로운 느낌이 별로 없을 것이다. 그런데 '천민도 나의 백성'이라는 덕치德治를 실천했던 세종을 만난다면, 그리고 애민정신을 바탕으로 한 역동적인 리더십을 읽어 낸다면, 이제까지 알지 못했던 새로운 세종과 소통하게 될 것이다.

이 책에서 다룰 이순신 역시 마찬가지이다. 면면히 흘러온 우리 역사 속에서 다양한 전쟁을 치렀던 장수의 한 사람으로만 이순신을 보려고 한다면, 단언컨대 남다른 의미나 느낌을 가질 수 없을 것이다. 그러나 『난중일기』에 녹아 있는, 국가의 안위를 걱정하는 적극적인 실천성을 읽을 수 있다면 전혀 다른 이순신을 만나게 될 것이다. 누구나 알고 있지만 제대로 알고 있는 사람이 드물다는 사실의 확인과 더불어, 이제까지 간과했던 새로운 이순신과의 만남이 가능하다.

1392년 7월 17일에 성립된 조선왕조는 200여 년 동안 국가를 혼들 정도의 큰 전쟁이 없었다. 백성들뿐만 아니라 관료층도 전쟁에 대한 위기의식이 부재했던 것은 물론이요, 작은 관심조차 기울이지 않았다. '평화를 원한다면 전쟁을 대비하라'는 격언은 남의 나라 일일 뿐이었다. 그러던 중, 1592년 일본의 침략으로 시작된 7년 동안의 임진왜란은 전 국토의 초토화와 조정(군주)의 피난, 백성들의 굶주림 등 총체적 난국을 초래했다. 역병이 전국적으로 확산되고, 심지어 시신을 먹는 일까지 발생할 정도로 참혹함 그 자체였다. 일본군이 압록강을 넘어 침범할 것을 우려한 명군의 참전으로, 임진왜란은 그야말로 국제전으로 확대되고 말았다.

여기서 궁금한 사실이 있다. 이순신에게 조선은 어떤 나라였을까? 임진왜란 당시 이순신은 위기에 직면한 나라를 구하려고 자신의 목숨을 담보로 전쟁을 수행했을까? 조선의 군주와 관료들은 이순신을 신뢰하지 않았으며, 심지어 전쟁 중임에도 불구하고 관직을 박탈하고 죽이려고까지 했다. 피난길에서조차 당파 싸움과 모함에 열중했던 관료들과 같은 길을 갈 수 있다고 생각했을까? 그런 상황에서 이순신의 '충忠'은 어떤 모습이었는지 궁금하다. 그리고 문득 "모름지기 장수의 충은 군주가 아니라, 백성을 향해야 한다"라는 영화 〈명량〉(2014)의 대사가 깊은 울림으로 다가온다.

우리는 일반적으로 이순신과 『난중일기』, 그리고 임진왜란을 동의어처럼 읽는다. 만약 이순신이 없었다면 임진왜란은 어떻게 끝났을까? 전쟁 이후 조선에서는 어떤 상황이 전개되었을까? 물론 역사를 이해할 때 '만약에'라는 가정은 절대 금물이다. 그래도 만약에 이순신이 없었다면, 일본에 의한 조선 병탄은 1910년 8월 29일이 아니라 1592년 4월 13일에 이루어졌을 것이라고 생각한다. 그래서 조선 최대의 전쟁을 승리로 이끈 이순신의 존재감은 지금까지도 퇴색되지 않은 것이다.

한편 조선의 선비들은 기록을 남기는 일에 대단히 열중했다. 현재 전하고 있는 것으로 다양한 필사본 개인일기는 물론, 관에서 주도하여 국정 사항 일체를 정리한 기록물 역시 상당히 많다. 2020년 현재 유네스코에서 지정한 우리나라의 세계기록유산 16건 중 조선시대 기록물이 10건이라는 사실을 통해, 기록을 중시했던 조선사회의 시대정신을 확인할 수 있다. 이 책에서 탐구하고 있는 이순신의 『난중일기』역시 2013년에 유네스코 세계기록유산으로 지정되었는데, 당시 선정의 함의含意는 다음과 같다.

임진왜란의 전쟁 사료 중 육지에서 벌어진 전쟁에 관한 자료는 상대적으로 풍부한 반면, 해전에 관한 자료로는 『난중일기』가 유일하다. 이런 관점에서 『난중일기』는 당시의 동아시아 국제 정세와 군사적 갈등을 포함한 세계사 연구에 중요하며 세계적 관점에서도 매우 귀한 자료이다. 『난중일기』는 한국뿐만 아니라 여러 근대 유럽 나라들에서 임진왜란 해전을 연구하는 데 있어 매우 폭넓게 활용되고 있다. 오늘날 임진왜란을 연구하는 많은 학자들이 『난중일기』를 필수적으로 인용하고 있는 것에서, 일기의 중요성과 상징성, 역사성 등을 구체적으로 확인할 수 있다.

『난중일기』의 중요성과 상징성, 역사성을 국제기구에서도 인정했음을 알 수 있다. 물론 지휘관이 갖추어야 할 자세와 더불어 섬세한 정서를 지닌 인간 이순신의 모습을 파악하는 것도 가능하다. 즉 우리는 『난중일기』를 통해 이순신과 임진왜란에 대한 일반적인 인식을 넘어 새로운 의미를 무궁무진하게 획득할 수 있다.

이 책에서는 1592년 1월 1일부터 1598년 11월 17일까지 작성된 『난중일기』 속에 녹아 있는 인간 이순신의 속마음을 읽어 내고자 했다. 이를 위해 조선의 국교였던 성리학의 실천윤리에 맞추어 8개 항목(충·효·인·의·예·지·신·용)으로 구분하여 살펴보았다. 자신의 어깨에 드리워진 조선의 운명을 숙명으로 받아들이고, 복잡하게 엉킨 실타래를 풀어내듯 전쟁을 승리로 이끈 인간 이순신의 면모를 이해하는 데 도움이 되기를 기대한다.

천 년 이상의 세월을 지탱할 탑을 쌓을 때, 석공들은 돌 사이에 약간의 틈을 두었다고 한다. 돌 사이에 여유를 두어야만 오랜 세월 견딜 수 있다는 것이다. 이순신과 『난중일기』를 새로이 포착하는 여정에 약간의 틈이 되기를 바라는 마음으로 작업을 진행했다. 임진왜란으로 바다에 가라앉고 있는 나라를 들어 올린 이순신의 존재가, 우리 모두에게 온전한 모습으로 다가오기를 바라는 마음 가득하다.

원고를 완성한 뒤의 심정은 아이가 태어난 모습을 보면서 출산의 고통을 잊어버리는 산모의 마음과도 같다. 그렇지만 한편으로는 긴장감이 떠나지 않는다. 또 처음 참석한 자리가 민망하여 쉼 없이 다리를 흔드는 아이처럼 언제나 어색하고 부끄럽다. 위대한 일을 해서 위대해지는 것이 아니라, 작은 일을 소홀히 하지 않았기 때문에 위대해진다는 말에 용기를 얻었다.

악보의 도돌이표처럼 언제나 반복되는 일상에서 놓치지 않고 실천하는 것 중 하나가 매일 일기를 쓰는 일이다. 어제를 바탕으로 오늘을 살면서, 보다 나은 내일을 기다리는 간절함을 담아 기록하고 있다. 전쟁에 빠진 나라의 운명을 온몸으로 짊어진 이순신의 간절함만큼은 아니더라도, 어제와 다른 내일의 대한민국을 기대하면서 나만의 밑그림을 그리고 있는 것이다.

책을 마무리하면서 감사한 사람들이 참 많다. 먼저 이 책의 집필은 선학들의 심도 있는 『난중일기』 번역서가 없었다면 불가능한 일이었음을 고백한다. '아는 것은 안다고 하고, 모르는 것은 모른다고 하는 것이 진정한 앎'이라는 공자의 말씀에 따라, 잘 모르는 부분은 선학의 번역서를 통해 보완했다. 필자의 게으름을 탓하기보다 오랜 시간 기다려 주고, 꼼꼼한 교정과 편집으로 책 꼴을 정갈하게 만들어 준 세창미디어 편집진에게 고마운 마음을 전한다.

부족한 부분은 다음에 보완하겠다는 말로 당장의 책임을 면하고자 한다. 독자 제현의 혜량을 구한다.

2020년 11월
이순신의 도시 아산에서
김 경 수

| 차 례 |

일러두기

이 책은 필자의 『난중일기』 번역(『평역 난중일기』, 행복한책읽기, 2004)을 기본으로 하면서, 선학들의 다양한 『난중일기』 번역본을 참조했다.

제1장
『난중일기』에 대하여

    인도에서 발생한 불교가 중국을 통해 우리나라로 들어온 뒤 종주국이나 전파국만큼 번성했던 것처럼, 중국을 통해 들어온 성리학은 조선사회에서 지배이념으로까지 발전했다. 성리학으로 무장한 조선의 지배층들은 200년이라는 시간 동안 전쟁의 무서움을 잊고, 아무런 대비 없이 학문 연구와 이념에 빠져 상대파에 대한 비난과 공격에 집중했다. 자신의 학문과 이념이 옳다고 주장하다 보니 상대의 입장을 인정하기보다는 정쟁에 몰두했던 것이다.

    국방력 강화보다 학문과 정쟁에 치중했던 상황에서 1592년 4월 13일 일본이 침략했다. 전 국토는 초토화되었고 관군의 연이은 패배에 군주는 피난길에 올라야 했다. 나라의 운명은 그 야말로 바람 앞의 등불이었다. 부산에 도착한 일본군은 경상 좌수영을 와해시켜 버렸고, 파죽지세로 한양을 향해 올라갔다. 전쟁 초반의 상황이 조금만 더 이어졌다면 조선은 일본의 손에 넘어갔을 것이다. 그런데 위기의 조선에 1591년 2월 13일 전라 좌도 수군절도사로 부임한 이순신이 있었다. 그는 부임 이후 단 한 순간도 장수의 기본 도리와 원칙을 소홀히 하지 않았다. 전투선 정비에 만전을 기했고 꾸준한 훈련을 통해 강한 군대를 만들었다. 엄정한 군기 확립은 물론 병사들의 전투력 향상을 위해 최선의 노력을 기울였다. 전쟁 발발 후 24일 만에 치른 첫 해전(옥포해전, 1592년 5월 7일)에서 승리를 거두었던 것은 우연히 주어진 성공이 아니라 철저한 사전 준비에 따른 필연의 결과였 던 것이다.

임진왜란은 조선 건국 이후 가장 큰 전쟁이었고, 이때 군주도 버린 나라를 구해 낸 인물이 바로 이순신이다. 그는 최전방의 해안을 지킨 수군 장수로서 단 한 순간도 전략·전술의 강구와 군사 훈련을 소홀히 하지 않았다. 그런 그가 전쟁 중임에도 불 구하고 빠뜨리지 않고 한 일이 하나 더 있다. 일기의 작성이다.

자신이 겪은 7년 동안의 사건을 꼼꼼하게 기록했던 것이다. 일기에는 그의 생각과 행동, 사상과 군사 정책, 임진왜란의 전개 과정과 전투 상황 및 전과를 망라한 온갖 사실이 기록되어 있다. 남해안 4대 수영(경상·전라의 좌우수영)의 수사 및 주변 지역 지휘관들과의 대화 내용, 백성들이 처한 상황은 물론 심지어 알려지지 않았으면 하는 은밀한 이야기까지 담았다. 그래서 임진왜란과 『난중일기』, 그리고 이순신은 하나처럼 인식되는 것이다.

『난중일기』에서는 이순신의 인간적 면모를 엿볼 수 있다. 강한 장수였던 이순신도 어머니의 아들이자 자식의 아버지, 여인의 지아비였다. 눈빛만으로도 침략군을 공포스럽게 했던 호랑이 장수의 모습과는 달리, 어머니의 안부에 일희일비하는 아들이었고, 아들의 죽음에 온몸으로 통곡한 아버지였다. 군기 확립에 방해가 되는 행동에 대해서는 결코 용납하지 않았지만, 선물로 받은 고기와 술을 병사들과 함께 나누는 자애로움을 겸비했다. 한편 주변 지역 지휘관들과의 수많은 전략 회의와 군량미 비축을 위한 대안 강구, 백성들의 편의 증진을 위한 노력과 농업을 중시했던 중농주의 사상도 낱낱이 기록되어 있다.

따라서 일기를 통해 임진왜란의 전개 과정과 국정운영 등 조선 중기 사회의 다양한 실상을 이해할 수 있다.

임진왜란 7년 동안의 사실이 기록된 『난중일기』는 기간상 이순신의 53년 생애 중 끝자락 1/7 정도에 지나지 않는다. 그러나 당시 동북아를 뒤흔들었던 임진왜란의 다양한 사실이 있는 그대로 수록되어 있다는 점에서, 그 의미와 무게감은 이순신의 전체 생애 이상으로 크게 다가온다. 유네스코에서는 이러한 점을 인정하여 2013년 『난중일기』를 세계기록유산으로 지정했다.

일기를 읽다 보면 무엇보다 이순신의 문장력이 상당한 수준이었음을 확인할 수 있다. 그는 무과에 급제하기 전에 문과를 준비했던 유학자였다. 조선의 선비들이 기본적으로 갖추었던 능력인 글쓰기에 익숙했으며, 유교 경전에도 해박하여 상당한 수준의 문력文力을 갖추고 있었다. 장인의 영향으로 진로를 무과로 바꾸기는 했지만, 21세 때까지 문과 준비를 위해 유학을 공부하여 인문적 소양이 풍부했다. 장수의 강한 기질을 갖추었으면서도 내면적인 성향은 상당히 감성적이고 도덕적인 면을 견지하는 등 문무를 겸비했던 것이다. 따라서 이순신을 이해할 때 전쟁을 승리로 이끈 장수(무인)로만 볼 것이 아니라, 학문과 도덕을 겸비한 선비의 풍모를 동시에 살펴야 한다. 일기를 보면 강력한 장수의 기질과 문신의 성향을 동시에 확인할 수 있기 때문이다.

임금에게 올린 장계와 장계 초본, 다양한 인사들과 나눈 편지 및 일기에 남아 있는 시와 문장 등은 그의 문장력이 상당한 수준이었음을 잘 보여 준다. 전쟁문학의 최고봉이라고 하더라도 전혀 무리가 없는 것이다. 일기의 곳곳에 녹아 있는 상당한 수준의 문학적 표현들이 이러한 사실을 반영한다.

"아랫사람에게 패문牌文에 대한 답을 만들게 했건만 문장이 말이 아니었다. 원 수사가 손의갑을 시켜 만들게 했지만, 그것 역시 마음에 들지 않았다. 그래서 내가 병중에도 억지로 일어나 앉아 글을 짓고, 군관 정사립을 시켜 써서 보내게 했다."

— 『난중일기』 1594년 3월 7일

위 일기는 다른 사람에게 금토패문禁討牌文(일본에 대한 공격을 금지하라는 명령서)에 대한 답신 공문을 작성하라고 했는데, 문장이 마음에 들지 않아 아픈 상황에서도 본인이 직접 작성했다는 내용이다. 작성된 문장 자체가 근본적으로 마음에 들지 않았다거나, 아니면 작성된 문장의 내용이 자신의 의도와 맞지 않았던 것으로 보인다. 어떤 경우이든 공문서의 문장을 단순하게 처리하지 않았던 치밀한 태도를 읽을 수 있다. 다른 사람이 작성한 문장이 마음에 들지 않는다고 한 것을 보면, 이순신 본인의 문장력은 상당한 수준이었을 것으로 짐작된다.

1. 체재

『난중일기』는 이순신이 전라 좌수사로 부임한 1592년(선조 25) 1월 1일부터 순국 이틀 전인 1598년(선조 31) 11월 17일까지 2,539일, 7년 동안의 진중생활을 기록한 것으로 개인일기이자 관료일기, 전쟁일기이다. 평화 시의 관직생활이 아니라 전쟁 중의 장수생활을 기록한 것이기 때문에 일상사를 기록한 다른 일기와는 차별성이 드러난다.

필사본 일기는 국보 제76호로 지정되어 아산 현충사에서 소장하고 있는데, 초고 필사본과 『이충무공전서』에 수록된 일기

두 종류가 있다. 초고본 일기는 7권 8책으로 1592년 임진 5월 1일부터 1598년 무술 9월 17일까지 기록되어 있다. 여기에는 장계狀啓·등본謄本·별책·부록 등이 첨부되어 있다. 그런데 초고본 일기에는 빠진 부분이 많다. 이는『이충무공전서』를 편찬하는 과정에서 망실된 것이 아닌가 추정된다.

『이충무공전서』는 1795년(정조 19)에 윤행임이 왕명으로 편집·간행한 것으로 교유·도설·세보·연표·시문·잡저·장계·난중일기·부록 등의 항목으로 구성되어 있다. 본래 이순신이 일기를 쓸 당시에는 별도의 제목이 없었으나,『이충무공전서』의 찬자가 편의상 '난중일기'라는 이름을 붙인 뒤부터 일반화되었다. 일기는 제5권부터 8권에 수록되어 있는데 초고본에 없는 임진년(1592) 1월 1일부터 4월 22일까지, 을미년(1595) 1월 1일부터 12월 20일까지, 무술년(1598) 10월 8일부터 12월까지의 내용이 첨부되어 있다.

이순신의 친필 초고와 전서에 수록된 일기를 비교해 보면 많은 차이가 발견되는데, 그것은 친필 초고를 정자로 베껴 판각하는 과정에서 글의 내용을 상당 부분 생략했기 때문인 듯하다. 따라서『난중일기』의 전모를 알기 위해서는 친필 초고를 표

〈표 1〉『난중일기』체재

책 수	이름	기간	비고
1	임진일기	1592. 5. 1.~1592. 5. 4. 1592. 5. 29.~1592. 6. 10. 1592. 8. 24.~1592. 8. 28.	
2	계사일기	1593. 2. 1.~1593. 3. 22. 1593. 5. 1.~1593. 9. 15.	
3	갑오일기	1594. 1. 1.~1594. 11. 28.	
4	병신일기	1596. 1. 1.~1596. 10. 11.	
5	정유일기 1	1597. 4. 1.~1597. 10. 8.	두 책 전함 (일부 중복)
6	정유일기 2	1597. 8. 4.~1597. 12. 30.	
7	무술일기	1598. 1. 1.~1598. 1. 4. 1598. 9. 15.~1598. 11. 17.	
계	7년(2,539일간)		

준으로 삼되, 초고의 망실로 인해 『이충무공전서』에만 수록되어 있는 부분을 보완해서 살펴야 한다. 망실된 「을미일기」를 제외하고 현전하는 7책의 초고본 일기 체재를 정리하면 〈표 1〉과 같다.

이상의 내용 외에 장계·등본 및 별책·부록, 그리고 끝에 1598년 11월 8일부터 17일까지 최후 10일간의 일기 등이 한 장으로 정리되어 있다.

「정유일기」1과 「정유일기」2에서 8월 4일부터 10월 8일까지의 일기는 중복되어 있고, 기사의 가감과 간지의 착오 등이 확인된다. 이 중 「정유일기」2에 정리된 것이 좀 더 상세하다. 그런데 무슨 이유로 중복해서 썼을까? 앞 책의 간지 중 잘못 기록된 것이 있고 뒤의 일기 내용이 더 자세한 것으로 보아, 시간적 여유가 있을 때 기억을 더듬어 다시 적은 것으로 생각된다.

『난중일기』는 일제강점기인 1935년 조선사편수회에서 『조선사료총간』 제6권으로 『임진장초壬辰狀草』와 함께 수록한 바 있으며 부산대학교에서 간행한 영인본 등이 있다. 1968년에 이은상이 친필 초고본을 대본으로 삼고 망실된 부분은 『이충무공전서』의 내용으로 보충하여 이를 번역, 현암사에서 간행했다.

2. 내용

『난중일기』에 수록되어 있는 다양한 내용을 효율적으로 파악하기 위한 방법의 하나로 〈표 2〉와 같이 분류해 보았다. 이외에도 상당히 다채로운 기사가 수록되어 있으나, 순수하게 필자가

〈표 2〉『난중일기』 내용 분류

연도	제사	건강	애민	모친	하늘	서애	권율	원균	장계	군법	놀이	꿈	술	활
1592	12	6	1	4		1		6	4	4		2	5	33
1593	4	13	6	12	2	1	3	40	6	9	6	3	19	9
1594	11	42	15	22	1	4	2	40	22	18	17	15	33	69
1595	13	15	10	29		5		3	14	15	8		18	73
1596	20	49	11	22		4		1	13	20	5	7	55	86
1597	3	22	6	13	6	1	6	14	15	24	1	22	20	1
1598	1									2			4	
계	64	147	49	102	9	16	11	104	74	92	37	49	154	271

글을 전개하는 데 필요한 방법에 따라 정리했음을 밝힌다.

일기에 수록된 내용의 대부분은 진중생활의 애환과 국정에 관한 솔직한 감회, 전투 후의 비망록과 수군 통제에 관한 비책 등이다. 이와 함께 개인적인 애환은 물론 가족과 친지, 다양한 인사들의 방문 사실과 대화 내용, 군기 확립을 위한 신상필벌 시행사, 전쟁 상황, 군주와 조정에 올리는 장계, 그리고 여러 사람들과 편지를 주고받은 내역이 켜켜이 쌓여 있다.

앞에서 언급했듯이, 『난중일기』는 기록의 관점이 다분히 주관적이고 개인적이라는 사실을 부인할 수 없다. 그러나 일기의 이면을 들여다보면 그것이 개인의 영역을 넘어 공적인 영역으로 확산되어 있음을 알 수 있다. 이순신 자신의 희생적인 삶의 모든 것뿐만 아니라 이러한 현실을 야기한 국가적 위기 상황이 그대로 녹아 있는 것이다. 이순신을 이해할 때 개인적인 면보다 국가적 위기를 짊어진 공인으로 파악하는 경향이 큰 것은 이러한 이유 때문이다. 따라서 임진왜란이 이순신만의 전쟁이 아님에도 불구하고 『난중일기』를 통해서 왜란의 발발과 경과, 결과와 교훈을 찾으려는 태도가 크게 잘못되었다고 할 수는 없을 것이다.

『난중일기』는 이순신의 개인일기임에 틀림없지만, 전형적인 전쟁일기답게 국가의 위기 상황과 백성들의 고통스런 삶의 편린들이 퍼즐 조각처럼 널려 있다. 또한 탁월한 전술가, 장수, 영웅의 면모와 함께 꿈과 점괘, 기후에 좌우되는 인간적인 감성과 태도가 고스란히 노출되어 있다. 관료의 한 사람으로서 민족과 국가의 장래를 근심하는 충의정신이 뚜렷하게 확인되는 한편, 인간의 보편적인 욕구와 감정까지도 읽을 수 있는 것이다.

어머니를 만나기 위해 잠시 아산을 찾았던 때와 모함을 받아

서울로 압송되어 의금부에 투옥되었던 기간을 제외하고 이순신은 언제나 같은 자리에 있었다. 1592년 4월 13일 임진왜란 발발 이후, 1598년 11월 19일 노량해전에서 전사할 때까지 7년 동안 해군사령관으로서 남해 바닷가의 전쟁터에 있었던 것이다. 그리고 직접 전투에 참여했던 기간 외에는 항상 일상의 모든 사실을 기록으로 남겼다. 자신의 어깨에 드리워진 전쟁의 압박감, 전쟁터에서만 느낄 수 있는 장수로서의 고민과 번뇌, 주변 인물들과의 관계에서 오는 인간적인 고뇌, 생사를 가르는 최종 결정권자로서의 고독한 판단과 자신의 좋지 않은 건강 문제는 물론이요, 어머니와 가족에 대한 간절한 마음을 숨기는 것 없이 고스란히 고백했다. 달밤에 배 타고 피리 불기, 자연 경치 감상하기, 바둑과 장기 두기, 승경도 놀이를 즐긴 사실까지 기록했던 그는, 보통사람이라면 숨기고자 할 은밀한 사생활까지도 빠뜨리지 않고 기록했다. 전쟁터의 명장 이순신과 인간 이순신의 모습을 오늘날 재현할 수 있는 근거를 본인 스스로 일기를 통해 제공한 셈이다.

『난중일기』를 있는 그대로 읽는 것이 이순신을 이해하는 가장 좋은 방법이겠지만, 독자의 편의를 도모하는 차원에서 전체 내용을 성리학적 윤리 이념인 충·효·인·의·예·지·신·용 등 여덟 개 항목으로 나누어 보았고, 다시 어울리는 항목끼리 묶어 3개 절로 구분하여 이순신 찾기 여행을 시도했다.

첫 번째 절에서는 '국가로부터 부름을 받으면 충성할 것이요, 부름을 받지 못한다면 농사지을 것'이라는 확고한 신념을 지닌 지도자로서의 이순신을 살펴본다. 그는 국가가 직면한 위기를 희생과 헌신으로 구했다. 강력한 군율을 유지하여 싸우면 반드시 이기는 강한 군대를 양성했다. 조정에서 수군을 해체하려고 하자, '신에게는 아직 12척의 배가 있다'고 하면서 단 한 번도 책임을 회피하지 않았으며 유비무환의 정신을 잃지 않았다.

두 번째 절에서는 강력한 리더십을 갖춘 전쟁 영웅이면서도 우리와 마찬가지로 인간적인 정서를 지녔던 이순신의 새로운 면모를 확인해 본다. 어머니를 늘 그리워하고, 자식과 아내의 고통에 가슴 아파했다. 수시로 위장약을 먹어야 했을 정도로 좋지 못한 건강 상태를 토로했으며, 점을 치고 하늘의 도움이라며 전공을 돌렸던 인간적인 이순신을 만나는 장을 꾸몄다.

세 번째 절에서는 이순신과 주변 인사들의 관계를 살펴보았다. 그 역시 조선의 선비들이 정성을 다했던 돌아가신 조상 모

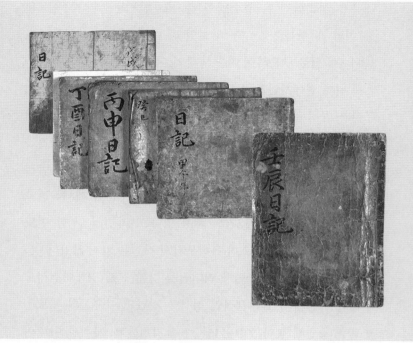

국보 제76호 이순신 『난중일기』

출처: 문화재청 국가문화유산포털(http://www.heritage.go.kr/)

시기와 살아 있는 사람들과의 관계 유지에 최선을 다했다. 또한 가족을 사랑한 만큼 백성들의 고통을 결코 모른 척하지 않았다. 자신을 둘러싼 주변인들과의 갈등과 대립관계를 협력으로 이끌고자 노력하면서도, 군기를 해이하게 만드는 인사에게는 단호한 비판을 쏟아내어 모두의 교훈으로 삼았다.

일기의 내용이 충실하다 보니 『난중일기』를 통한 이순신 찾기 여행이 충분히 가능하다. 이제, 이순신의 속마음을 하나하나 들여다보는 여행을 떠나자.

제2장
『난중일기』 깊이 읽기

1. 희생과 헌신으로 구한 나라

1) 쓰이면 충성, 쓰이지 않는다면 농사: 충忠

> "나랏일을 생각하니 나도 모르는 사이에 눈물이 흐른다."
>
> ─ 『난중일기』 1595년 1월 1일

'충忠'은 가운데 중中과 마음 심心의 합성어로, 마음속에서 우러나오는 정성스러움을 의미한다. '성誠'은 말씀 언言과 이룰

성成의 합성어로, 자신의 입에서 나온 말은 반드시 책임진다[成]는 의미이다. 따라서 '충성'이란 좌우로 마음의 흔들림 없이 자신이 생각하는 대상(국가, 군주, 부모 등)에게 정성을 다한다는 의미이고 충성심은 그런 마음을 말한다.

아무리 뛰어난 전투 능력과 통솔력을 갖춘 장수라고 하더라도 '충'이 의심되면 믿을 수 없고 전쟁의 승리도 담보할 수 없다. 그런 점에서 임진왜란 당시 이순신이 보여 준 언행은 '충'의 실천 그 자체라고 할 수 있다. 『난중일기』에서도 잘 드러나는 이순신의 호국 의지를 되새기다 보면, 마찬가지로 나라의 위기 상황에서 절대적인 '충'을 보여 주었던 안중근 의사(1879~1910)의 모습이 떠오르기도 한다.

안중근 의사는 1909년 10월 26일 조선 침략의 원흉이었던 이토 히로부미를 사살했다. 거사 후 체포되어 여순감옥에 투옥된 그는 사형 집행 직전인 1910년 3월 26일, '위국헌신 군인본분爲國獻身軍人本分'이란 글을 써서 일본인 간수에게 주었다. 당시 여순감옥의 간수였던 지바 도시치千葉十七 상등병은 안중근 의사를 감시하던 헌병이었다. 안중근 의사 처형 후 제대한 지바는 1944년 숨질 때까지 그 글을 보관했다. 사망 후 부인과 조카딸이 보관하다가, 1980년 8월 안중근의사숭모회에 기증하여 현재 안중근의사기념관에 보관 중이다.

안중근 의사는 한말 애국계몽운동 계열의 근대화론에 영향을 받아 계몽운동에 참여하면서도, 일제에 대한 폭력투쟁으로 활동의 영역을 넓혀 갔다. 그가 이순신의 애국충정을 몰랐을 리 없다. 비록 임진왜란 당시 온몸을 던져 나라를 구한 이순신과는 시간과 공간을 달리했지만, 안중근 의사 역시 위태로운 조국을 지키기 위해서라면 기꺼이 목숨을 바치겠다는 결의를 다졌을 것이다. 그리고 그에게 이토 히로부미는 침략의 원흉으로 암살의 대상일 뿐이었다. 두 사람의 언행을 단순 비교할 수는 없지만, 나라를 위한 충성심은 동일했다고 믿는다. 다음 일기를 보자.

"사직의 위엄과 영험靈驗에 힘입어 겨우 조그마한 공로를 세웠을 뿐인데, 임금의 총애와 영광이 너무 커서 분에 넘치는 바가 있다. 장수의 직책을 띤 몸으로 티끌만 한 공로도 바치지 못했으며, 입으로는 교서를 외면서 얼굴에는 군인으로서의 부끄러움이 있음을 어쩌랴." ─ 『난중일기』 1595년 5월 29일

안중근 의사가 작성한 '위국헌신 군인본분'은 위 일기에 남은 이순신의 고백과 일치한다. 이순신은 전쟁의 공포를 떨쳐 내고 나라가 부여한 임무를 수행했던 진정한 군인이었다. 현장에서 전쟁을 치르는 장수로서의 이순신, 나라를 걱정하는 애국자로서의 이순신, 침략국으로부터 나라를 지키는 충신으로서의 이순신의 모습이 곧 '위국헌신 군인본분'이고 이것이 『난중일기』에 그대로 표현되어 있는 것이다. 일기 속 애국충정의 내용을 좀 더 살펴보자.

전투가 벌어지는 상황이 되면 이순신은 부하들을 앞세우는 '돌격 앞으로' 대신 자신이 선두에 서서 '나를 따르라'를 외쳤다. 목숨을 담보로 전개되는 일촉즉발의 치열한 상황에서, 병사들만 앞으로 보내고 뒤에서 지휘하는 것이 아니라 몸소 가장 앞에서 싸웠다. 명량해전 당시 12척의 배를 뒤로 두고 이순신이 탄 대장선이 가장 앞에서 전투를 치렀던 사실도 이를 잘 말해준다. 간혹 잠시 휴전 상태가 되면 병선 수리와 군기 점검, 활쏘기 훈련에 매진했다. 단 한 번도 유비무환의 자세를 소홀히 한 적이 없었다.

전쟁이 발발했던 1592년에 여러 차례의 전투에서 승리했음에도 불구하고 나라 걱정은 더욱 증폭될 뿐이었다. 1593년 5월 13일 일기의 "달빛은 배 위에 가득하고, 혼자 앉아 있으니 이 생각 저 생각에 온갖 근심이 가슴을 치밀었다. 잠이 오지 않다가 닭이 울고서야 어렴풋이 잠들었다"와, 3일 뒤 16일 일기의 "몸이 몹시 불편하여 베개를 베고 누워서 신음하던 중에, 명나라 장수가 중도에서 늦추며 머뭇거리는 것은 무슨 딴 꾀가 없지 않은 것 같다는 말을 들었다. 나라를 위한 걱정이 많았던 차에 이와 같은 일도 있으니, 더욱더 한심스러워 눈물이 났다"라는 표현은, 그의 머릿속이 나라를 지켜야 한다는 '충'의 정신으로 가득 차 있었음을 방증한다. 전쟁 당사국이 아니었던 명나라로서는 조선과 일본의 전쟁에 적극적일 필요가 없었다. 몸이 불편하여 신음하면서도 이순신이 이 문제를 일기에 남긴 것은, 국난의 현실에서도 온갖 주변 상황을 예의주시하고 고민했던 충신의 자세 그 자체인 것이다.

이러한 애국충정의 자세는 어머니의 가르침을 비롯하여 대대로 이어진 가문의 분위기와 무관하지 않다. 1594년 1월 11일, 어머니를 뵈러 고음내에 갔던 이순신은 다음 날 아침 식사 후에 기지로 돌아와야 했다. 이때 어머니는 떠나는 아들을 담담히 전별했고 이순신은 그 모습을 일기에 남겼다. "잘 가거라, 나라의 치욕을 크게 씻으라고 두세 번 말씀하시면서도 헤어지는 슬픔은 하지 않으셨다." '모전자전'이란 말이 잘 어울린다. 전쟁의 현장에서 목숨을 담보로 싸우고 있는 아들에게, 어머니는 나라의 치욕을 씻으라는 말로 이별의 아쉬움을 대신했다. 어쩌면 아들이 안전하길 바라는 강렬한 소망을 나라를 지키라는 말로 강조하신 것이 아닌가 생각된다. 이처럼 이순신의 충정심은 집안 대대로 이어지는 가풍 속 어머니의 영향을 받았으리라 생각된다.

암행어사로 왔던 유몽인(1559~1623, 본관 고흥)이 자신의 활동 내용을 정리하여 장계를 올렸다. 그 장계를 본 이순신은, "임금을 속이는 것이 여기까지 이르렀으니, 나랏일이 이러고서 싸움이 마무리될 리 만무하다. 우러러 탄식할 뿐이다. 또 수군을 징발하는 일과 장정 넷 중에 둘은 전쟁에 나가야 하는 일을 매우 그르다고 말했으니, 나라의 위급함을 생각하지 않고 다만 눈앞에 꾸며 갈 것만 노력하고, 남쪽 지방의 터무니없는 소리만 믿으니, 나라를 그르치는 교활하고 간사한 말이 악목岳穆에 대한 진회秦檜와 다를 것이 없다. 나라를 위하는 아픔이 더욱 심하다"

라고 극렬하게 비판했다. 진회는 남송 때 재상으로 금나라와의 화친을 반대하던 악목을 무고하여 죽인 인물이다. 금나라가 침입해 오자 예물을 바치고 스스로 신하국으로 칭하면서 굴욕적인 화친을 맺어 대표적인 간신의 하나로 꼽힌다. 유몽인은 이순신과 같은 동인계 인사였지만, 이순신은 나라를 위한 마음에서 당파를 가르지 않고 그의 잘못을 정확하게 따졌다. 당파를 떠나 국가와 백성의 입장을 먼저 고려했던 그는, 잘못된 것에 대해서는 어떤 경우든 타협하지 않는 대쪽 같은 태도를 취했다.

이런 자세는 충을 실천하는 인사들에 대한 극찬으로 이어졌다. "나라를 걱정하는 마음이 이분(유성룡)보다 더한 사람은 없을 것이다"와 같이, 진정으로 국가의 위기 극복을 위해 고민하고 대안을 강구하는 인사에 대해서는 칭송을 아끼지 않았다. 그러다 보니 유성룡에게 유고가 생겼다는 소식을 들었을 때는, "이는 반드시 질투하는 자들이 만들어 낸 말이리라. 분함을 참지 못하겠다. 이날 밤 마음이 심란해서 홀로 마루에 앉아 있는데, 스스로 마음을 걷잡을 수 없었다. 걱정이 쌓여 깊도록 잠을 이루지 못했다. 진정으로 유성룡이 어찌 되었다면 장차 나랏일을 어찌할 것인가"라고 진심으로 걱정했다.

나라가 처한 위기 상황을 극복하기 위해 누구보다 고민이 많 았던 이순신은 명나라 장수 장홍유가 찾아왔을 때에도 함께 왜 군의 정세를 이야기하느라 밤이 깊어 가는 줄 몰랐다. 공적인 업무 처리를 언제나 우선 순위에 두었고, 국난 극복과 모두가 평안한 국가 질서의 회복을 위해 고심했다.

1594년 8월 30일의 일기를 보자. "이날 아침에 탐후선이 들어 왔는데, 아내의 병세가 매우 위중하다는 것이다. 벌써 생사가 바뀌었는지도 모를 일이다. 그렇지만 나랏일이 이에 이르렀으 니, 어찌 다른 일에 생각이 미칠 수 있으랴. 세 아들, 딸 하나가 어떻게 살아갈 것인가, 마음이 아프고 괴롭다." 아내의 병세가 심각해서 자신이 아내의 소식을 들었을 때는 이미 생사가 바뀌 었을지 모른다고 하면서도, 아내의 병세를 '다른 일'이라고 표 현하고 있다. 이순신에게 있어서 '아내의 병세'는 전쟁을 치르 고 있는 '국가의 위기 상황'보다 먼저일 수 없었던 것이다.

수륙水陸의 장수들이 팔짱만 끼고 대책을 세워 적을 치는 일 이 없는 것 같다는 조정의 밀지密旨를 받았을 때는, "3년 동안 해 상에 있으면서 절대로 그런 적이 없었다. 여러 장수들과 함께 죽기를 맹세하고, 원수 갚을 의지로 하루하루 보내고 있다"라며 강하게 부정했다. '3년 동안 해상에 있으면서'라는 표현은 한 번도 전쟁의 현장에서 벗어난 일이 없었음을 강조한 것으로 이해된다. 이런 그의 의지는 새해 아침에 "나랏일을 생각하니 나도 모르는 사이에 눈물이 흐른다"라고 한 표현에 고스란히 녹아 있다. 그런 그에게 '팔짱만 끼고'라는 조정의 표현은 얼마나 치욕스러운 것이었겠는가.

조정의 무대책에 대한 비난의 수위는 대단하다. "전라도 수군 중 우도 수군만은 좌도와 우도를 왔다 갔다 하면서 제주와 진도를 성원하라는 명령이 있었다고 한다. 참 어이없다. 조정의 지시가 이럴 수 있는가." 현장의 상황을 제대로 파악하지 못하고 내린 명령을 극력 비판했다. 삼도수군통제사로서 전라도는 물론 경상도와 충청도의 수군을 지휘하고 있는 이순신의 의견을 구하지 않고, 현실성이 떨어지는 명령만 하는 무능한 조정의 태도를 비판하고 있는 것이다.

조정의 국정 운영에 대해 이순신은 대체로 부정적인 평가를 내렸다. 1595년 7월 1일의 일기 속으로 들어가 보자. "혼자 다락 위에 있었다. 나라의 정세가 아침 이슬처럼 위태로운데 안으로는 정책을 결정할 만한 기둥 같은 인재가 없고, 밖으로는 나라를 바로잡을 만한 주춧돌 같은 인물이 없음을 생각해 보니, 사직이 장차 어떻게 될지 몰라 마음이 심란했다. 하루 종일토록 누웠다 앉았다 뒤척거림을 했다." 인종의 제삿날이라 공적인 업무를 처리하지는 않았지만, 그럼에도 머릿속에는 온통 나라 걱정뿐이었다. 결국 대내외적으로 볼 때 위기에 처한 국가에 제대로 된 인재도 없고, 그런 인재를 구하기도 어렵다는 판단이었다. 이는 갈등과 대립이 심했던 당시 조정 관료들에 대한 비판이기도 하다. 즉 관료들이 전쟁의 위기를 극복하기 위한 방안을 강구하기보다는 자신의 안위만 챙기고 있다고 판단한 것이다. 전쟁 중임에도 불구하고 당쟁으로 갈등과 대립을 조장하는 관료들은 이순신에게 눈엣가시처럼 느껴졌으리라.

국가에 대한 그의 충정은 꿈 이야기를 통해서도 드러나고 있다. "꿈을 꾸었는데, 유성룡과 이야기를 나누었다. 서로 나라 근심을 털어놓다가 끝내 억울한 사정까지 쏟아 놓았다. … 만일 서쪽의 적이 급히 들어오고 남쪽의 적까지 덤빈다면 임금이 어디로 가시겠는가 하면서 걱정하며 말을 잇지 못했다." 깨어 있을 때는 물론 꿈에서까지 나라와 군주 걱정을 놓지 않았던 것이다.

현장에서 병사들과 함께 전쟁을 치르던 그의 모든 생각은 오직 현재의 난국을 타파하는 데 있었다. 일본의 침략을 물리쳐야 한다는 생각에 몰입해 있던 그에게, 국내에서 발생한 민란은 국력을 분산시키는 행위일 뿐이었다. 그러다 보니 민란 발생에 대해서는 그 원인과 이유와 상관없이 대단히 부정적이고 비판적이었다. 1596년 충청도 홍산에서 왕족 서얼 출신인 이몽학이 민란을 일으키자, "충청도 홍산에서 도둑 무리가 일어나 홍산 수령 윤영현이 붙잡히고, 서천 군수 박진국도 끌려갔다고 한다. 외구外寇도 아직 멸하지 못한 이때, 도둑마저 이러하니 참으로 가슴 아픈 일이다"라고 기록했다. 그리고 "충청도 토착 도둑 이몽학이 포수 이시발의 총에 맞아서 즉사했다고 하니 다행이다"라고도 했다(이몽학은 실제로는 부하 김경창에 의해 살해되었으므로 이 기록은 오류이다). 왜란 중에 발생한 민란에 대한 그의 입장이 어느 정도 부정적이었는지 잘 보여 주고 있다. 당면한 전쟁을 승리로 이끌어야 하는 장수로서, 내우와 외란이 동시에 발생한 현실에 대해 대단히 옳지 못하다고 여겼던 것이다.

국가에 대한 충성심은 투옥과 출옥, 백의종군과 어머니의 사망, 칠천량해전의 패배(7월 16일)와 명량해전(9월 16일) 등 굵직한 사건이 전개되었던 1597년의 기록에 더욱 강하게 드러난다. 칠천량해전에서 도망친 배설의 이야기를 하는 중에, "아침에 장계 초고를 수정했다. 늦게 거제, 발포가 들어와 명령을 들었다. 그 편에 배설의 황겁해하는 꼴을 들으니 괘씸함을 이기지 못하겠다. 권세 있는 사람들에게 아첨이나 일삼아 감당치 못할 지위에까지 올라가서 국가의 일을 크게 그르쳤건만, 조정에서는 제대로 살피지를 못하고 있으니, 어찌하랴. 어찌하랴"라고 독백했다. 억울하게 누명을 쓰고 체포되어 옥살이를 마치고 백의종군한 이후에야 통제사에 복귀한 그에게, 전쟁에서 도망친 패전 장수에 대한 마음은 거칠게 나타날 수밖에 없었다. 결국 배설에 대한 불편한 심기는 교유서에 숙배하지 않은 배설의 오만한 행동에 벌을 내리는 것으로 표현되었다. 차마 동료 장수를 벌할 수 없어 배설의 이방과 영리營吏를 곤장 치는 것으로 대신했지만, 그의 실망이 얼마나 컸는지 잘 보여 준다.

국가의 안위가 곧 민생의 안정과 직결된다고 확신하고 반드시 지키고자 했던 이순신은 풍문에 부화뇌동하지 않는 신중한 태도로 초지일관했다. 1596년 4월 도요토미 히데요시가 죽었다는 소문을 들었을 때 기뻐하기보다 본인이 직접 확인하기 전까지 믿을 수 없다고 한 것은 대표적인 사례이다. 백의종군 후에 삼도수군통제사로 복귀한 그는 1597년 8월 20일 이진梨津에 진을 설치했다. 그런데 일본 전함 몇 척이 어란於蘭 앞바다에 이르자, 군중에 '왜적이 출몰했다'는 소문이 파다하게 퍼졌다. 이때 그는 동요하지 말 것을 강조하면서 소문을 퍼뜨린 자를 곧바로 효시하고 군중을 안정시켰다. 이러한 태도는 침략국인 일본의 계략에 말려들어 전쟁을 그르칠 수 있음을 경계한 것으로, 전쟁에 임하는 장수가 취해야 할 모범적인 자세라고 할 수 있다.

왜군과의 정보전에서도 매사 신중한 태도를 견지했던 그는 아군끼리 주고받는 정보 역시 쉽게 신뢰하지 않았다. 왜군에 포로로 잡혀 있다가 도망친 2명의 병사가 경상 좌수영에 있다가 이순신의 통제영으로 와서 적군의 정보를 알린 일이 있었다. 그런데 이순신은 원균의 진영에 있었던 병사이므로 믿을 수 없다고 했다. 원균을 평소에 신뢰하지 않았던 만큼 그의 부하까지도 믿을 수 없다는 판단이었다. 일촉즉발의 전쟁 상황에서 신뢰할 만한 정보가 아니라면 섣불리 믿지 않겠다는 것이었다.

서울에서 아산을 거쳐 권율의 진영으로 가는 백의종군 길에 경상도 초계의 한 지역을 지나게 되었다. 이때 그는 "개현介峴(개 벼루) 길을 타고 오는데, 기암절벽은 천 길이나 되고, 굽이도는 강물은 깊기도 하며 길도 또한 험하고 위태롭다. 만일 이같이 험한 곳을 눌러 지킨다면 1만 명이라도 지나가기가 어렵겠다. 여기가 모여곡毛汝谷이다"라고 기록했다. 지정학적으로 천혜의 요새인 이곳에서 당장 군사를 지휘할 수 있다면, 어떤 적군이 라도 물리칠 수 있을 것이라고 확신했다. 싸우면 반드시 이기 겠다는 강한 의지의 천명과 다르지 않다.

"밤 습격이 있는 것 같았는데, 오후 10시경 적선이 포를 쏘면서 공격을 해 왔다. 여러 배가 겁을 먹은 것 같으므로 다시 엄하게 영을 내리고, 먼저 내가 탄 배가 곧바로 적선을 향해 달려들면서 포를 쏘니, 적의 배는 능히 당해 내지 못하고 자정께 달아났다."

— 『난중일기』 1597년 9월 7일

위의 전투가 벌어질 당시 경상 수사 배설은 적의 공격에 겁을 먹고 9월 2일에 이미 달아난 상태였다. 장수가 도망갈 정도였으니 병사들이 느꼈을 두려움은 구태여 언급할 필요가 없다. 병사들이 두려워하는 상황에서 장수마저 진두에서 지휘하지 않는다면 전쟁의 결과는 뻔하다. 이런 상황에서는 병사들만 앞으로 보내는 '돌격 앞으로'가 아니라, 본인이 선두에 서는 '나를 따르라'의 통솔력이 필요했다. 이것이야말로 언제나 전쟁을 승리로 이끄는 요인이었다. 병력의 절대적인 열세를 극복하고 이순신이 명량해전에서 거둔 승리는 바로 이러한 솔선수범에서 기인했다.

전쟁의 전개 상황과 승전 등의 사실을 치밀하게 정리하여 올린 장계에도 이순신의 속마음이 나타나 있다. 일반적으로 장계란, 지방 또는 전쟁터에 나가 있는 관료(장수)가 관할 지역의 중요한 일을 왕에게 보고하거나 별도의 요청을 하기 위해 작성한 문서를 말한다. 즉 해당 지역이 처한 상황과 관료가 처리한 사건의 보고 및 별도로 청원한 내용이 담겨 있어 당대사를 이해할 수 있는 사료로서의 가치를 지니기도 한다. 임진왜란 당시 이순신이 작성해서 올린 장계 역시 본인이 처한 상황, 전쟁의 경과와 결과 등을 구체적으로 작성하여 보고한 것으로 임진왜란사를 이해하는 데 중요한 사료라고 할 수 있다.

왜란 발발 소식을 들은 이틀 뒤 군주에게 장계를 올리고, 주변 지역의 순찰사와 병사, 전라 우수사에게도 공문을 보내는 등 전란 상황을 철저히 공유했다. 부산이 함락된 다음 날에도 임금과 전라좌우도 및 경상우도에 장계를 올렸다. 장계의 초안을 잡은 뒤 잘못된 내용을 수정하여 올리는 등 어느 하나 소홀하게 처리하는 일이 없었다.

전투가 끝난 다음에 전공 여부를 정리해서 올리는 장계의 작성 과정에서는 원균을 배려하기도 했다. 원균이 자신의 실수를 고백하자 이미 작성한 장계의 내용을 수정해서 다시 올렸다. 원균이 자신의 승리에 대해 별도의 장계를 작성한다고 했을 때도 흔쾌히 동의하는 공문을 만들어 주는 등, 원균을 일방적으로 비난한 것만도 아니었다.

장계에는 인사에 관련된 내용도 자주 등장했다. 장계를 올린 뒤 받은 군주의 회답 가운데는 특정인을 효시하라는 구체적인 지시 사항도 있었다. 한편 이순신은 어사의 장계로 파면된 부하를 구제하기 위해 즉시 장계를 올렸으며, 군수의 파면을 요청하는 장계를 작성하기도 했다. 어떤 경우에는 장계 내용의 오해에 따른 문책이 내려오기도 했다.

통상 장계는 한 통을 보냈지만 많게는 7통, 혹은 여러 가지 내용을 함께 수록하여 올린 적도 있었고 임금의 지시를 따르겠다는 별도의 장계를 작성하기도 했다. 이순신의 장계는 일기와 함께 전하는 『임진장초』에 수록되어 있는데, 아래에 짧게 소개한다.

> "신의 어리석은 생각으로는 오늘날 적의 세력이 이토록 우리를 업신여기게 된 까닭은 해전海戰으로써 막아 내지 못하고 적이 마음대로 상륙하도록 한 것에 있습니다. … 지난번 부산 및 동래 연해안의 여러 장수만 하더라도 배를 잘 정비하여 바다에 진을 치고 엄습할 위세를 보이고, 정세를 보아 가면서 전선을 알맞게 나아가기도 하고 물러나기도 하여 적이 육지로 기어오르지 못하게 했더라면, 나라를 욕되게 한 재앙이 반드시 이렇게 되지 않았을 것입니다. 생각이 이 정도까지 되니 분함을 참을 수 없습니다."
>
> ─ 『임진장초』 1592년 4월 30일

군주에게 올린 장계를 통해 국난 극복과 민생 안정을 고민하는 이순신의 충정심을 읽을 수 있다. 일기에는 다른 사람의 장계를 두고 논한 내용도 있다. 백의종군 길에 작성한 다음 일기를 보자.

"원균의 장계에 '수군과 육군이 함께 나가서 안골의 적을 무찌른 후에 수군이 부산 등지로 진군하겠으니, 안골의 적을 먼저 칠 수 없겠습니까'라고 하자, 원수(권율)는 '통제사 원균이 전진하지 않고 오직 안골의 적을 먼저 쳐야 한다고만 말하며, 수군 여러 장수들은 다른 생각을 갖고 있을 뿐더러 원균은 안으로 들어가 나오지 않을 것이니 절대로 다른 장수들과 합의하지 못할 것이 뻔합니다'라고 했다."　　　　　　　　　　　― 『난중일기』 1597년 6월 17일

원균이 올린 장계에 대한 내용으로, 이순신이 권율과 대화하던 중에 들은 이야기를 기록한 것이다. 권율과 주변 지휘관들이 원균을 신뢰하지 않았다는 것을 확인할 수 있다.

　명량해전 전날 병사들에게 강조한 훈시는 그의 충성심이 어느 정도였는지 잘 보여 준다.

"병법에 이르기를 '죽으려 하면 곧 살고, 살려고 하면 곧 죽는다

[必死則生, 必生則死]' 하였고, 또 이르되, '한 사람이 길목을 지키면 천 명도 두렵게 할 수 있다一夫當逕, 足懼千夫]'라는 말이 있는데, 이는 모두 오늘 우리를 두고 이른 말이다. 너희 여러 장수들이 조금이라도 명령을 어긴다면, 군율軍律대로 시행해서 작은 일일망정 용서치 않겠다."

— 『난중일기』 1597년 9월 15일

싸워서 반드시 이기겠다는 강력한 의지가 엿보인다. 이 일기 아래에는 "이날 밤 신인神人이 꿈에 나타나 가르쳐 주기를, '이렇게 하면 크게 이기고, 이렇게 하면 진다'며 일러 주었다"라는 꿈 이야기를 더했다. 자신의 신념에 꿈을 동원해 신(하늘)의 도움, 곧 '천인합일사상'을 더하려는 의도가 반영되어 있다.

조선 중기 도학정치를 이루고자 했던 정암 조광조(1482~1519, 본관 한양)는 사약을 받으면서 다음과 같은 절명시를 남겼다.

임금을 아비처럼 사랑하고	愛君如愛父
나라를 집안처럼 걱정하였네.	憂國如憂家
밝은 해가 아래 땅을 내려다보니	白日臨下土
충심忠心을 환히 비춰 주겠지.	昭昭照丹衷

군주와 나라에 대한 충의 마음이 어느 정도 컸는지를 그대로 보여 주고 있다. 시대는 다르지만 조광조와 이순신의 마음이 다르지 않았음을 알 수 있다. 자신의 몸을 태워 주위를 밝히는 촛불처럼, 나라를 위해 자신을 희생하는 헌신의 태도는 군인의 기본자세이다. 무엇보다 강한 군대와 군기가 확립된 군사를 이루는 필수요소이다. 진정한 군인 이순신은 7년간의 전쟁 동안 단 한 번도 위국헌신의 '참 군인' 자세를 흩트리거나 망각한 적 없이 적극적으로 실천했다. 마음에 다져진 '충'이, 솔선수범의 '충'으로 발현되었던 것이다.

2) 강한 군대는 엄정한 군율에서: 지智

"발포鉢浦 진무鎭撫가 두 번이나 군율을 어겼으므로 처형했다."
— 『난중일기』 1593년 2월 1일

지智는 사리를 잘 판단하는 지혜(슬기)를 의미한다. 맹자는 옳고 그름, 즉 시비是非를 판별하는 능력이라고 했고, 유학에서는 오성五性의 하나로 앎의 근원[知之理]이라고 했다. 사물의 근본원리를 의미하는 원형이정元亨利貞(각각 봄·여름·가을·겨울과 인·의·예·지를 상징) 중에서는 겨울을 상징하는 정, 음양상으로는 음, 오행으로는 물[水]로 보았다. 즉 유교에서는 '지'를 인간에게 천부적으로 주어진 도덕적 인식능력의 하나로 이해한다. 성리학을 통치 이데올로기로 삼았던 조선사회에서는 인간의 마음속에 천부적인 도덕적 본성이 존재한다고 믿었고, 그것을 확충하여 실현해야 한다고 보았다.

일반적으로 조직을 유지하기 위해 제정된 것이 규정, 곧 법이다. 이것이 부적절한 타협 혹은 보이지 않는 힘의 영향 없이 누구에게나 동등하게 적용되어야 절대 동의를 얻을 수 있다. 권력과 돈에 법의 형평성이 좌우된다면 안정적인 조직 운영, 나아가 공평한 사회 조성은 결코 불가능하다. 이상적인 법치란 결국 누구에게나 정의와 공정이 적용되어야만 가능하기 때문이다. 곧 법과 정책을 규정된 기준에 따라 적용할 때 누구나 동의하는 결과 도출이 가능하다. 한편 법 자체에 문제가 있음에도 법에 절대적인 권위와 가혹한 기준을 부여한다면 구성원들의 현실은 힘들고 어려울 수밖에 없다. 따라서 법의 적용이 지나치게 자의적이거나 법 자체에 허점이 있을 경우 억울한 일을 당하는 사람이 양산될 가능성이 매우 높다.

상벌이 공정하지 않고 편중되었다고 생각하는 사람이 많은 조직은 한순간에 와해된다. 그러므로 전쟁을 수행 중인 장수의 법 집행은 더욱 신중해야 하고 병사들의 절대적인 동의도 필요하다. 군기를 세운다고 징계만 일삼거나, 분위기 조성을 위해 상만 준다면 병사들의 동의를 구하기 어렵다. 군기는 무너질 것이고, 전쟁의 승리는 절대로 어렵다.

잘못한 사람에 대한 징벌과 잘한 사람에 대한 시상은 구성원들 누구나 동의할 수 있는 공정성이 전제되어야 한다. 상벌의 목적은 과거에 대한 평가도 있지만, 미래에 대한 동기부여와도 직결되기 때문이다. 신상필벌이 타당하다고 인정되면 구성원들의 강력한 협조를 구할 수 있지만, 반대의 경우라면 조직의 근간이 무너지고 만다. 따라서 조직의 기반을 단단하게 하고 구성원들과의 소통을 원활하게 하여 능력을 극대화시키는 가장 중요한 요소는 적절한 평가에 따른 상벌의 공정성과 시행의 일관성 유지이다.

이순신은 '지', 즉 옳고 그름(시비)을 판별하는 능력을 바탕으로 자신에게 부여된 임무를 적극적으로 수행했다. 휘하 장병들을 통솔하는 과정에서 시비가 발생한 경우, 잘못한 사람을 엄벌에 처하여 견고한 조직력을 유지했다. 이순신의 신상필벌은 무서울 정도로 엄정하여 한번 정한 기준은 변경하지 않았지만, 엄한 만큼 사람을 품는 다정함도 동시에 지녀 누구나 수긍할 수 있도록 시행했다. 많은 사람들과의 대화와 소통을 통해 조직을 이끌어 갔으며 확고한 군기를 확립해 승리를 만들어 냈던 것이다.

군대의 기강은 전쟁의 승패를 가르는 가장 중요한 요소이다. 군기가 잡힌 군대는 일사불란한 지휘권 발동과 병사들의 전투력 상승으로 반드시 승리한다. 그러나 군기가 무너진 군대는 '나만 살면 된다'는 생각이 팽배하기 때문에 언제나 패한다. 이는 역사에서 확인할 수 있다. 즉 동서고금을 막론하고 승리한 군대에는 지휘관의 확고한 리더십과 군기 잡힌 병사들이 있었다. 한 예로, 고려 말 정도전은 권문세가들에 의한 국정의 난맥상에 혐오감을 느끼고 새로운 세상을 만들고자 했으나 군사적인 배경이 전혀 없었다. 새 왕조 건설이라는 '혁명이념'은 구체적이었지만, 이를 성사시킬 수 있는 '혁명무력'이 없었던 것이다. 그런데 1383년(우왕 9) 함주막사의 이성계 부대를 방문한 뒤, 정도전은 자신의 혁명이념을 달성할 수 있는 혁명무력을 확인했다. 군인들의 높은 사기와 굳센 용기, 어떤 상대도 이길 수 있는 확고한 조직력을 통해 왕조의 교체가 가능하리라 확신하게 된 것이다.

임진왜란 전까지 조선 관료들은 전쟁에 대해 무대책으로 일관했다. 또한 돈을 받고 군역을 대신하는 군인인 대립군의 시행으로 군대의 질은 떨어지고 군인의 사기는 저하되어 있었다. 이러한 배경에서 200년 동안 큰 전쟁을 치른 적이 없었던 조선왕조는 임진왜란의 발발과 동시에 전국토가 초토화되는 상황에 이른다. 이는 조선의 군사력이 얼마나 미약했는지, 군인들의 사기와 군율이 어느 정도 엉망이었는지 그대로 보여 준다.

1591년 2월 13일 전라 좌수사로 부임한 이순신은 전투 준비에 만전을 기했다. 전선 정비와 군사 훈련(활쏘기 등) 및 전술·전략 수립에 매진했다. 이순신의 군대는 고려 말 정도전이 목격한 이성계의 군대와 다름없었으며 그 결과는 연전연승으로 이어졌다. 일기 속 군율 및 군기 확립 관련 내용을 살펴보자.

이순신은 전쟁 수행에 방해 요인이라고 판단한 것은 결코 용납하지 않았다. 병선을 고치지 않은 병사와, 병영 주변의 민간인에게 피해를 입힌 병사를 엄벌에 처함으로써 병사들에게 강력한 경고 메시지를 보냈다. 비록 장교라고 하더라도 두 번이나 군율을 어겨 군대의 질서를 무너뜨리자 여지없이 처형했다.

전쟁 중 도망치는 병사는 군대의 사기를 떨어뜨리는 치명적인 요인이다. 따라서 이순신은 도망자에 대해서는 지위고하를 막론하고 엄벌에 처했다. 집으로 도망친 병사를 잡다 효수했으며, 포로로 잡혔다가 돌아온 군졸이 다시 도망치거나 거북선의 격군이 도망갔을 때, 군사가 해적과 함께 도망쳤을 때 역시 모두 처형했다. 다른 어떤 행위보다 도망에 대해서 가장 엄하게 처벌했던 것이다. 도망자는 병사들의 결속력을 무너뜨리고, 결국 전투의 패배와 국가의 멸망을 초래한다고 확신했다.

조선시대 양인이 부담해야 했던 군역은 육군보다 수군이 훨씬 고되었다. 따라서 수군에 편성된 이후 도망치는 군인이 속출했다. 이순신은 도망자에 대해 일말의 동정심마저 거두고 엄중한 처벌로 대처했다. 개인의 안위보다 국난의 극복이 먼저라는 판단에서 단 한 발도 양보하지 않았다. 도망자를 방지하기 위해 군사들의 인원 점검도 수시로 실시했다. 매일 철저히 확인하는 일이었으므로 평소 원칙과 기준을 정확하게 제시했다.

작전 수행 중 군수가 시간을 어기자 대리 장수와 도훈도, 담당 하급관리를 처벌했으며, 시간을 어긴 현감과 수령에게 직접 곤장을 치기도 했다. 전쟁 중의 시간약속은 승패에 직접적인 영향을 끼친다. 그리고 중요하게 인식했던 만큼 이를 어기는 경우 곧바로 엄벌에 처했던 것이다.

상대방과 관련된 정보 또한 전쟁 승패의 결정적인 요소였다. 정보의 중요성을 인지하고 있었던 이순신은 거짓 보고를 한 자는 엄벌에 처했다. 옥과玉果(전남 곡성군 옥과면 옥과리)의 향소鄕所에서 근무를 태만히 하여 도피자가 100여 명이나 되었는데, 그나마 거짓말로 꾸몄다는 사실을 확인하자 담당 색리色吏(아전) 11명을 효수했다. 왜적이 도망하려고 한다는 정보를 유포한 주모자와 왜적이 왔다는 거짓 정보를 퍼트린 자들을 모두 효시했다. 정보전의 중요성을 인지하고, 징계를 통해 교훈으로 삼았다.

더불어 정탐선의 보고가 늦은 경우와, 적의 동향을 제대로 보고하지 않은 경상 수사의 군관과 도훈도, 아전 등도 곤장을 쳤다. 전선을 만들기 위해 목수를 동원했을 때 제대로 보내지 않은 군관과 담당 관리를 처벌했고, 군사 방어선을 넘어 고기잡이를 한 어부 24명은 물론, 배에 불을 낸 장수와 그 담당 관리들도 처벌했다. 군기를 흔드는 음란한 여성과 칼과 화살을 제대로 차지 않은 병사, 상하 위계질서를 무너뜨린 병사, 평소 성실하지 못한 인사들도 곤장을 침으로써 군기 확립에 강한 의지를 보였다.

전쟁 상황에서 군량미의 안정적인 확보는 강한 군사력만큼 승패를 가르는 중요한 요소였다. 배에서 양식을 훔친 자를 처벌했고, 세 번에 걸쳐 군량을 훔친 자는 처형하여 가혹하다고 생각할 정도로 엄하게 처벌했다. 생과 사를 가르는 전쟁터에서 애매한 동정은 결코 통하지 않는다는 것을 철저하게 마음에 새겼다.

모병 관련 공문을 사사로이 만든 인사도 처벌했다. 민가에 나가 병영 주변에 사는 선비의 딸을 강간한 병사를 효시했으며, 나주 지방의 타작을 방해한 병사 역시 처형했다. 군사력을 극대화하기 위해서는 주변 지역의 민생 안정이 필요하다는 입장에서 물러서지 않았다.

우후虞候(정4품)가 군기軍器와 군량을 가지고 오지 않자 곤장 80대를 때렸으며, 우수사 이억기가 실수를 저지르자 휘하의 군관과 도훈도에게 곤장 70대를 쳤다. 지위고하를 막론하고 군령 체계의 확립에 필요하다면 어떤 경우든 타협과 양보가 없었다. 향촌에서 활동하던 의병장이 토벌 공과를 보고하지 않자 곤장 50대를 치기도 했다. 다음 일기를 보자.

"그대로 벽파진에 머물면서 정찰병들을 각지로 나누어 보냈다. 늦게 배설은 장차 적이 많이 올 것을 걱정해 도망치려고도 했다. 드러나지 않은 것을 먼저 발표하는 것은 장수로서 취할 태도가 아니어서 참고 있을 때, 배설이 자신의 머슴 편에 소지所志를 냈는데, 병세가 위중해 조리를 하겠다는 것이었다. 육지로 올라가서 조리하라고 처결해 주었더니, 배설은 우수영에서 육지로 올라갔다." ― 『난중일기』 1597년 8월 30일

명량해전을 보름 앞둔 시점의 일기이다. 대체로 지휘관으로서의 자질이 부족한 배설을 비판하는 내용이지만, 다른 한편으로는 급박한 상황에 지휘관이 어떻게 대처해야 하는지를 보여주고 있다.

이순신은 부모 같은 자애로움을 잃지 않았으면서도 평상시

장수로서의 엄정함을 유지했다. 전쟁을 치르는 과정에서 병사들의 고충과 애환을 부모의 마음으로 보듬어 주면서도 기강의 엄정을 강조하는 일에 소홀함이 없었다. 그는 병사들의 건강과 식사를 걱정하는 등 애병정신을 적극 실천했다. 병사가 있어야 전쟁에서 승리할 수 있다는 생각을 단 한 번도 버린 적이 없었던 것이다. 그러나 언제나 전쟁의 승리를 목표로 하다 보니, 군령 체계의 확립에 저해되는 요인은 결단코 용납하지 않았다. 지휘권을 유지하고 병사들의 군기를 높이는 일이라면 터럭만큼도 타협하거나 양보하지 않았다. 그러다 보니 군령을 세우는 데 필요하다면 잘못을 저지른 인사의 지위고하를 막론하고 처벌했다.

전쟁 중에 발생한 다양한 상황과 그로 인한 인간적인 고뇌, 군대의 기강 확립을 위해 끊임없이 노력했던 모습이 일기의 곳곳에 녹아 있다. 무예 연습, 무기 점검과 군량미 준비, 논밭 개간, 어염 생산, 무역 등 각 방면에서 노력한 흔적이 구체적으로 묘사되어 있다. 거북선 제조, 대포 제작, 조류를 이용한 작전과 과감한 용병술 등도 살필 수 있는데, 이러한 노력이 전쟁을 승리로 이끌었던 것이다.

3) 신에게는 아직 12척의 배가: 신信

"나라를 근심하는 마음이 조금도 놓이지 않아 홀로 배 뜸 밑에 앉아 있노라니 온갖 회포가 일어난다."

— 『난중일기』 1593년 7월 1일

신信은 사람이 하는 말에 믿음이 있어야 한다는 의미로, 사람 인人과 말씀 언言의 합성어이다. 사람의 말은 마음 깊은 곳에서 나온다는 의미이기도 한데, 즉 마음은 생각으로, 생각은 말로, 말은 행동으로, 행동은 습관으로, 습관은 운명으로 굳어진다는 말과도 통한다. 약속을 하고도 언제나 늦게 나오는 사람이 있다. 배려 혹은 신뢰가 전혀 없는 사람이다. 나의 10분이 소중한 만큼 상대방의 10분도 다시 찾을 수 없는 소중한 시간임을 알아야 한다. 이는 자신의 말[言]을 반드시 이룬다는[成] 의미의 성誠과도 통한다. 따라서 신뢰는 주어진 일을 책임진다는 결심을 다지는 일이기도 하다. 국가 경영의 기초는 신뢰에 있다고 한 공자의 말이 떠오른다.

위기는 언제든 나타난다. 언제 어느 상황에서 나타날지 모르는 위험에 대비하는 유비무환의 태도는 전쟁을 수행하는 장수의 기본자세로, 자신이 한 말에 반드시 책임을 진다는 '신'의 의미와 직결된다. 전라 좌수사로 부임한 이순신은 언제나 전쟁을 대비했다. 자신이 한 말을 스스로 책임지고 실천하는 데 주저하지 않았던 것이다. 국운이 상승하거나 국력이 강해져도 자만하지 않고, 언젠가 국운이 하강하거나 국력이 약해질 일을 염려하고 대비하는 태도를 견지했다. 이때 지도자에게 요구되는 것이 바로 구성원들과의 신뢰 형성이다. 위기 상황에 닥쳐서야 전선을 수리하고 군사 훈련을 한다면 이미 늦은 일이고, 병사들을 동원한 효율적인 전투 수행도 기대할 수 없다. 뒤늦게 전투가 벌어졌다고 무조건 '공격 앞으로'만 주장하는 장수에게는 부하들이 신뢰를 보내지 않는 법이다.

일반적으로 위기는 준비된 사람과 그렇지 못한 사람을 가려내기 위해 찾아온다고 한다. 전쟁이 소강상태인데도 구태여 전선을 수리하며 활쏘기 연습에 적극적이었던 이순신에게서, 꾸준한 신뢰 쌓기로 위기를 기회로 바꿀 준비를 하던 뛰어난 장수의 면모를 엿볼 수 있다. 오히려 평화로울 때에 위기를 대비해야 한다. 다시 전쟁이 일어나겠느냐고 방심할수록 적군은 허점을 파고들어 침략할 것이기 때문이다. 평소에 본영과 각 진영의 지휘관들을 모아 수시로 활쏘기 시합을 실시한 것도 유비무환의 정신과 직결된다. 전쟁 전이었던 1592년 2월 19일부터 9일 동안, 144km를 이동하면서 각 기지의 방어태세와 전투 준비를 점검하고 문제가 있는지 철저하게 확인하기도 했다.

대체로 승리자와 성공한 자들은 자신을 과신하지 않고 사전 대비를 철저히 했다는 공통점이 있다. 승리와 성공은 현실에 안주하여 경계를 게을리하는 순간 멀어진다. 늘 위기를 대비해야 누릴 수 있는 것이다. 이순신은 단 한 순간도 전투선 수리와 활쏘기 연습 등 전쟁 준비를 소홀히 하지 않았기에 승리를 거둘 수 있었고, 자신을 따르는 병사들의 생명도 보존할 수 있었다. 다만 이순신은 평소에 '당길 때 당기고 풀어 줄 때 풀어 주는 것'이 군자의 도라는 공자의 말을 염두에 두었다. 무조건 긴장감만 고조시킨다거나 무조건 풀어 주어 느슨히 하지 않고, 적절하게 긴장감을 당기고 풀면서 위기에 대비했다. 병사들의 절대 신뢰를 바탕으로 현명하게 지휘권을 발휘했던 것이다.

이순신은 싸움에 앞서 지형과 조류, 적의 정보를 치밀하게 조사·분석했다. 정기적으로 정탐선을 운영했으며, 피난민과 포로로부터의 정보 수집에 많은 노력을 기울였다. 이러한 준비성은 자신의 결정에 장병의 생사와 국가의 안위가 달려 있다는 책임감과 사명감에서 비롯되었다. 따라서 전쟁에 임해서는 언제나 철저한 사전 조사와 준비를 바탕으로 선두에서 솔선수범을 실천했다. 다음 일기를 보자.

> "저녁에 원수의 종사관 황여일이 방문해 조용히 이야기하다가 임진년에 왜적을 무찌른 일에 대해 크게 칭찬했고, 또 산성에 험고한 요새를 쌓지 않은 한탄과 당면한 도벌 방비의 대책이 허술한 것 등을 말하는데, 밤이 깊은 줄을 깨닫지 못하고 돌아갈 것을 잊고 이야기했다."
> — 『난중일기』 1597년 6월 10일

백의종군 길에 들은 이야기를 기록한 것이다. 일기의 전체 내용은 전쟁 대비와 관련해 새벽 2시경까지 이야기한 것과, 밤새 잠을 자지 못하여 이후에 눈병을 얻었다는 고백이다. 낮밤으로 가리지 않고 초지일관 철저한 준비태세를 유지했음을 보여 준다.

"각 도의 군사가 많아야 5,000명을 넘지 못하고, 또한 군량미도 거의 떨어져 간다고 했다. 적군의 발악이 날로 더해 가는데 사정이 이러니 어찌하랴, 어찌하랴!" — 『난중일기』 1593년 6월 3일

"나라를 근심하는 마음이 조금도 놓이지 않아 홀로 배 뜸 밑에 앉아 있노라니 온갖 회포가 일어난다." — 『난중일기』 1593년 7월 1일

위 일기의 내용을 보면 언제나 개인적인 일보다는 공적인 업무 추진이 먼저였던 것 같다. 개인과 가족의 안녕도 중요했겠지만, 언제나 국가와 민족이 처한 위기 상황을 잊지 않았다. 그러다 보니 두 차례에 걸쳐 억울한 누명을 쓰고 백의종군했을 때에는 누명조차 공적인 일로 받아들이면서 인정했을 정도였다.

이순신의 유비무환 정신은 군주에 대한 절대 충성[事君以忠], 전쟁에서 절대 물러서지 않는 자세[臨戰無退], 병사들에 대한 절대 신뢰[交兵以信]로 나타났다. 국가와 국민, 장수와 병사 간의 상호신뢰와 협력 없이는 어떤 난관도 헤쳐 나갈 수 없다는 신념이 엿보인다. 강력한 군대를 만들어 국가의 위기를 극복하겠다

〈표 3〉 『난중일기』에 기록된 활쏘기 훈련 빈도수

월 연	1	2	3	4	5	6	7	8	윤8	9	10	11	12	계
1592	5	8	11	9										33
1593		1	3		3	1				1				9
1594	4	10	2		2	17	14	10		7	2	1		69
1595	2	2	7	10	17	16	13	5				1		73
1596	6	10	5	8	12	19	14	9	3					86
1597							1							1

는 의지가 엄정한 군기와 군율 확립으로 이어졌다는 점에서도, 이순신은 자신이 한 말[言]을 반드시 실천했음을 알 수 있다.

유비무환과 연관하여, 『난중일기』에 언급된 평소 활쏘기 훈련 빈도수를 〈표 3〉에서 살펴보자.

누명을 쓰고 통제사에서 파직되어 투옥과 백의종군, 명량해전 등 굵직한 사건을 겪었던 1597년을 제외하고는 평소 활쏘기 훈련이 상당히 많았음을 확인할 수 있다. 1592년 5월 이후에는 전투가 본격적으로 전개되었기에 훈련이 없었으며, 1593년에도 전투가 없었던 달에 훈련 기록이 보인다. 41일의 일기를 남긴 1598년은 전체적으로 기록이 상세하지 않아 제외했다.

본인 스스로도 거의 매일 업무를 마치면 활을 쏘았으며, 어떤 날은 하루 종일 쏘거나 일부러 사람을 불러 쏘기도 했다. 업무가 늦게 끝난 날에는 날이 저문 뒤에 쏜 적도 있었다. 찌는 듯한 더위에도 쏘았으며 철전과 편전을 번갈아 쏘기도 했는데, 일기에는 철전과 편전, 일반 화살 등 세 가지 종류의 화살에 대한 언급이 상당히 많다.

특별히 몸이 불편하여 침을 맞은 날은 쏘지 않았지만, 비가 올 조짐이 있는 날에는 비 오기 전에 미리 쏘기도 했다. 아들들에게 그냥 활쏘기뿐 아니라 말 위에서 활 쏘는 법을 가르치기도 했는데 마상 훈련은 1598년 8월 전후에 주로 실시되었다. 휘하 군관들에게 편을 나누어 쏘게 하거나, 방문한 인사들 또는 주변 지휘관들과도 활 시합을 했다. 새로 부임한 수령이 인사를 왔을 때는 인사를 나눈 후에 같이 쏘기도 했다.

어떤 때는 술을 마신 뒤 시합을 벌이기도 했다. 삼도의 수사들과 함께 선인암仙人巖을 구경한 후에도 활을 쏘았으며, 활의 적중 여부와 시합 후의 결과를 정확하게 기록했다. 활집을 만드는 재료로 베와 무명을 사용했던 사실도 기록하였으며, 심지어 활 만드는 궁장의 이름(지이智伊, 춘복春卜 등)까지 기록할 정도로 활에 대한 관심이 대단히 깊었다.

분명히 활쏘기에 기울인 그의 열정은 단순하지 않았다. 앞서 〈표 2〉(『난중일기』 내용 분류)에서 보이듯, 다른 어떤 일정보다 활쏘기 훈련을 중시했고 상당히 매진하였다. 이러한 훈련이 전쟁의 승리에 도움이 되었음은 당연한 일이다. 미리 준비하면 근심할 것이 없다는 '유비무환'이 바로 이런 것이며, 편안할 때 위태로움을 생각하라居安思危는 말을 적극 실천한 결과라고도 할 수 있다. 덧붙이자면, 활을 쏜 날과 함께 쏜 사람, 명중 수까지 상세하게 기록했던 그의 세심함에서 조선 선비들의 철저한 기록 정신을 알 수 있다. 날씨 변화와 방문한 인사의 직책과 성명, 대화 내용까지 철저하게 기록했던 것으로 보인다. 관련 내용을 살펴보자.

바다에서 전쟁을 치르는 수군의 특수성에 기인하는 것이지만 기상 변화에 매우 민감했다. "비, 종일 비가 왔다", "흐리되 비는 내리지 않았다", "오후 8시부터 비가 내리기 시작하여 새벽 2시경에야 그쳤다" 등과 같이 하루 동안의 날씨 변화를 빠뜨리지 않고 기록했다. 또 방문했던 인사들의 이름과 관직을 기록하고 일부의 경우는 대화 내용도 꼼꼼하게 기록하였다.

"아침나절에 가라말[加羅馬], 워라말[月羅馬], 간자짐말[看者卜馬], 유마騮馬들의 편자가 떨어진 것을 모두 갈아 박았다. 원수의 종사관이 삼척 사람 홍연해洪璉海/漣海를 보내서 문안하고, 늦게 보러 오겠다고 전했다. 연해는 홍견의 삼촌 조카이다."

— 『난중일기』 1597년 6월 10일

편자를 교체했던 말의 이름뿐만 아니라 만났던 사람의 관계까지 정확하게 기록할 정도로 상당히 섬세했다. 이러한 기록은 관찬 실록에서 확인할 수 없는 전쟁 당시의 구체적인 사실을 확인할 수 있어 상당히 주목된다. 곧 『난중일기』는 단순히 이순신의 개인일기로 그치는 것이 아니라 당시의 역사적 사실과 인물의 시비득실을 살필 수 있는 역사 자료로서의 가치를 지니고 있는 것이다.

원균의 모함으로 하옥된 뒤 도원수 권율의 막하로 가는 여정, 즉 백의종군 길을 꼼꼼하게 정리한 것도 그의 섬세함을 잘 보여 준다.[1] 이 기록은 1597년 4월 3일 서울을 떠나 5일에 아산 도착, 이후 금곡(연기군 광덕리)을 거쳐 27일에 순천의 송원, 운곡과 8월 18일 회령포에 이르기까지의 일정과 통과 지역을 정리한 것이다. 단순히 백의종군 길을 확인할 수 있는 자료에 그치지 않고, 조선시대 도로망을 이해할 수 있는 근거를 제공한다는 점에서 중요하다.

체찰사가 경상우도의 연해안 지도를 요청했을 때 무리 없이 그려 보내기도 했다. 이는 평소 지형과 지리에 큰 관심을 기울여 익숙해 있지 않았다면 불가능한 일이다. 수시로 바다에 나가 아침과 저녁 조수 간만의 차를 확인하고, 밀물이 가장 높은 대조기(음력 보름과 그믐 무렵)와 가장 낮은 소조기(7일과 8일, 22일과

---

1   1597년의 백의종군과 수군통제사 복귀 경로는 다음과 같다. 옥문 나섬(4. 1) → 서울 출발(4. 3) → 과천 → 인덕원 → 수원(4. 3) → 독성 → 송탄 → 평택(4. 4) → 아산 집(4. 5~12, 16~18, 모친상과 시신 입관 4. 13~15) → 온양 → 금곡 → 보산원 → 정안 → 일신역(4. 19) → 공주 → 니산(4. 20) → 논산 → 은원 → 여산(4. 21) → 삼례 → 전주(전라 감영, 4. 22) → 관촌 → 임실(4. 23) → 남원(4. 24) → 운봉(4. 25) → 구례(4. 26) → 송치 → 순천(4. 27~5. 13) → 송치 → 구례 → 석주관 → 악양(5. 26) → 두치 → 하동(5. 28~29) → 청수역 → 단성(6. 1) → 단계 → 삼가(6. 2~3) → 합천(6. 4~7. 17) → 삼가(7. 18) → 단계 → 단성(7. 19) → 굴동(7. 20) → 곤양 → 노량(7. 21) → 곤양(7. 22) → 운곡(7. 23~8. 2, 수군통제사 재임명) → 행보역 → 두곡 → 석주관 → 구례(8. 3) → 곡성(8. 4) → 옥과(8. 5~6) → 곡성 → 석곡 → 부유창 → 구치 → 승주 → 송치 → 순천 → 상사(8. 8) → 낙안 → 벌교 → 보성(조양창, 8. 9~10) → 박곡(8. 11~13) → 보성(8. 15~16) → 장흥 → 강진 → 군영구미(8. 17) → 회령포(8. 18~19)

23일 무렵)를 확인하고 전투에 대비했다. 준비된 자와 준비되지 않은 자의 전투 결과는 묻지 않아도 알 수 있다. 명량해전의 승리가 우연히 이루어진 것이 아니고, 철저한 유비무환의 결과였음을 알 수 있다.

2. 사람 사는 이야기

1) 백행百行의 근본 실천: 효孝

"잘 가거라, 나라의 치욕을 크게 씻어라. 두세 번 타이르면서도 헤어지는 슬픔을 말하지 않으셨다."

— 『난중일기』 1594년 1월 12일

부모를 정성으로 봉양하고 공경[敬]하는 마음으로 모신다는 의미의 효孝는, 늙으신 부모님[老]을 자식[子]이 업고 있는 모습을 상형한 글자이다. 유교 국가였던 조선사회에서 부모에 대한 효는 임금에 대한 충으로 승화되었으므로, 충과 효는 하나의 개

념으로 인식되었다. 맹자는 '백행의 근본이 효'라고 했다. 누구나 알고 있지만 실천하기 어려운 것이 공경하는 마음으로 부모에게 효도하는 일이다.

특히 우리나라에서 효와 경을 가장 기본적인 예의범절의 하나로 강조한 것은 유교사상과 유교문화의 영향이 크다. 중국에서 전래된 유교가 한국화되어 정착하면서, 현실적이고 구체적인 실천 윤리로 자리 잡았다. 무엇보다 강조되었던 성리학적 이념이 '충'과 '효'였다. 충신 집안에서 충신 나고, 효자 집안에서 효자 난다는 말도 있었다. 부모는 자식의 거울이므로 충과 효의 강조는 자연스럽게 집안의 분위기[家風] 형성으로 이어졌다. 자식에게 효도받고 싶으면 부모에게 효도하면 될 일이었다. 따라서 조선사회에서는 개인의 충과 효 실천 여부를 가문의 성향과 관계되는 요인으로 인식했다.

이순신의 경우는 어떠했을까? 『난중일기』에 녹아 있는 어머니에 대한 사랑(효)과 가족에 대한 정을 살펴보자.

『난중일기』의 첫날 기록은 동생과 조카, 아들과 어머니 이야기로 시작된다.

"맑음. 새벽에 아우 여필汝弼과 조카 봉菶, 아들 회薈가 와서 이야기를 나누었다. 어머님[天只] 곁을 떠나서 두 번이나 남도에서 설을 쇠니, 간절한 그리움을 이길 수 없다." — 『난중일기』 1592년 1월 1일

위 일기의 '간절한 그리움'이라는 표현에서 어머니에 대한 이순신의 효심이 대단히 깊고 진심이었음을 그대로 읽을 수 있다. 어머니가 아프다는 연락을 받으면 "안타깝다", 평안하다는 소식을 들으면 "다행이다"를 중복해서 기록했다.

재차 말하지만, 이러한 이순신의 자세는 충과 효를 인간됨의 기본 덕목으로 삼았던 전통사회의 논리에 부응한다. 즉 『소학』의 "군자의 어버이 섬김이 효성스러운 까닭에 임금께 충성스러움으로 옮겨진다[君子之事親孝故, 忠可移於君]"라는 말과 일치하는 것이다. 어머니에 대한 효와 가족에 대한 사랑이 다른 사람과 비교하기 어려울 정도로 깊었고, 그 사랑의 깊이는 그대로 국가에 대한 '충'으로 발현되었다.

임진왜란을 막아 낸 장수 이순신이 일기의 시작부터 어머니에 대한 그리움을 토로한 것이 이상하게 생각될 수도 있다. 그러나 조선시대 선비들의 언행을 이해한다면 전혀 이상할 일이

아니며, 오히려 이것이 이상적인 모습이었음을 알 수 있다. 당시 국가에 대한 충과 부모에 대한 효의 실천은 새의 두 날개처럼 인식되었다. 새는 날개의 한쪽을 조금만 다쳐도 결코 날아갈 수 없다. 그러므로 선비들은 두 가치를 떼려야 뗄 수 없는 연속적 관계로 인식하고 군사부일체君師父一體를 실천한 것이다. 따라서 이순신의 어머니에 대한 간절한 그리움은, 국가에 대한 절대 충성의 강렬한 의지로 읽어도 된다.

『난중일기』는 개인일기라는 특성상 전쟁을 맞은 국가의 위기 상황에 대한 고뇌와 사랑하는 부모, 가족에 대한 인간적인 정서가 절절하게 묘사되어 있다. 일기를 쓰는 사람들이 자신의 일기가 공개될 것이라고 결코 생각하지 않는 것처럼, 이순신 역시 자신의 일기가 후대에 공개되어 누구나 읽을 것이라고는 전혀 예측하지 못했을 것이다. 자신의 속마음까지 숨김없이 그대로 기록한 것에서 확인할 수 있다.

이순신은 전쟁의 승패를 좌우하는 장수였지만, 인간적인 감정에서 자유로울 수 없었다. 일기의 여러 곳에 묘사된 어머니에 대한 효심과 가족에 대한 소회 역시 그가 어머니의 아들, 한 가족의 가장이었음을 그대로 보여 주고 있다. 대부분의 사람들은 '지금 알고 있는 것을 그때도 알았더라면'이라는 말에 전적으로 공감한다. 부모님이 돌아가신 후에야 생전에 효도하지 못한 것을 후회한다. 세태가 이러하지만, 전쟁 중에도 어머니께 효도하고 싶어 하는 『난중일기』의 기록을 보면서 많은 교훈을 얻는다. 이순신과 어머니의 돈독한 정은 급제 이후 변방에서의 생활과 가족 내 불행이 겹치면서 더욱 깊어졌을 것으로 보인다. 먼저 급제 이후 임진왜란 직전까지 이순신의 관력을 간단하게 살펴보자.

32세 때인 1576년(선조 9) 무과에 급제한 이순신은 그해 12월에 함경도 압록강 상류지역의 동구비보에 정9품 권관으로 부임했다. 이후 1579년 훈련원의 봉사(2월)와 충청 병사의 군관(10월)을 지냈고, 이듬해 7월 전라 좌수영의 발포 만호를 지냈다. 1581년 12월 서익의 모함으로 파직되었다가 1582년 5월 훈련원 봉사에 복직되었다.

1583년에는 함경도 남병사의 군관(7월)과 건원보의 권관(10월), 훈련원의 참군(11월) 등을 역임했다. 이해 부친이 사망하자(11월 15일) 삼년상을 치렀고, 1586년 사복시의 주부(1월)와 함경도의 조산보 만호를 역임했다. 이듬해 조산보 근처의 녹둔도

둔전관을 겸하던 중 이일의 모함으로 파직되어 백의종군했다.

1588년 1월 시전 부락의 여진족 정벌의 공으로 백의종군이 해제되어, 1589년 전라 감사의 군관 겸 전라도 조방장(1월)과 선전관(11월), 정읍 현감(12월)을 역임했다. 1591년 2월 진도 군수와 가리포 첨사 등을 거쳐 전라좌군 수군절도사(2월 13일)에 임명되었다.

이상에서 보듯이 이순신은 변방의 무관직을 두루 역임했다. 그러다 보니 아산의 어머니와 항상 떨어져 지내야 했다. 더군다나 1580년(선조 13) 중형 요신의 사망, 1584년 아버지의 사망, 1587년 장형 희신의 사망 등 가정 내에서 연이은 불운이 일어났다. 이런 상황이었기에 셋째 아들인 이순신과 어머니 사이의 유대가 대단히 깊어졌으리라는 생각이 든다. 임진왜란 발발 이후 7년 동안 이순신과 어머니의 동선을 추적해 보자.

1592년 5월 18일의 일기를 보자. "종 목년木年이 해포蟹浦(아산시 인주면 해암리)로부터 와서, 어머님이 평안하시다는 소식을 전했다. 곧 답장과 함께 미역 5동을 보냈다"라고 기록했다. 12일 뒤인 6월 1일에는 "아침에 탐후선이 들어왔다. 어머님 편지를 받아 보니 평안하시다고 한다. 정말 다행이다", 6월 6일에는 "저녁에 본영 탐후선이 왔는데, 어머님이 평안하시다고 했다"라고 기록했다.

1592년 5월 18일까지만 하더라도 어머니는 분명히 아산에 계셨던 것으로 보인다. 그런데 6월 1일과 6월 6일의 일기에는 '본영'이란 단어만 있고 없을 뿐, 똑같이 탐후선이 어머니의 근황을 전하고 있다. 적군의 동향을 살펴서 수사 이순신이 있는 곳에 정보를 전달하는 일이 탐후선의 역할이므로 6월 1일과 6일 일기의 내용은 본영 근처로 어머니를 모셔 왔다는 근거를 제공한다. 일기에 정확한 날짜를 기록한 것은 아니지만, 아마도 6월 1일 이전이었던 것으로 추정된다. 이 시기에 이미 충청도까지 왜군이 들어왔고, 왜란 전에 아버지와 두 형이 떠난 상황에서 어머니와 가족의 안전을 고민하지 않을 수 없었을 듯하다. 따라서 아산에 계시던 어머니와 어머니를 모시고 있던 부인(방씨)을 좌수영 근처로 모셔 온 것으로 생각된다.

어머니를 전라 좌수영과 멀지 않은 곳²으로 모신 이순신은 멸

---

2 당시 이순신의 어머니는 전라 좌수영이 있던 여수의 고음천(古音川, 곰내, 웅천)에 거주한 것으로 알려져 있다. 현재 여수시 고음천 송현마을에 이순신 장군 자당 기거지(慈堂起居地)가 조성되어 있다. 안내문에 의하면 이순신이 매일 아침과 저녁으로

어져 있을 때보다 심정적으로 훨씬 안정되었을 것이다. 그러나 전쟁 수행 중의 장수가 어머니를 수시로 찾아뵙는다는 것은 사실상 어려운 일이다. 따라서 시간이 허락되는 한 찾아뵙는 방법으로 어머니를 모셨을 것으로 보인다.

1593년 7월 15일 여수에서 한산도로 본영이 옮겨지고, 8월 15일 삼도수군통제사에 임명되면서 어머니와 다시 떨어져 지내야 했다. 아산에서 여수로 모시고 왔지만 여전히 자주 찾아뵐 수 있는 형편이 주어지지 않았던 것이다. 1593년 8월 20일에는 이순신이 어머니가 거주하고 있는 고음내를 순시했다는 일기가 있다. 어머니를 보았다는 내용은 없지만, 당연히 가까운 곳으로 순시를 왔으니 만났을 것으로 짐작된다.

1596년 1월 1일에는 여수로 찾아가 어머니를 문안하고 저녁에 복귀했으며, 윤8월 12일에도 고음내로 갔다가 다음날 복귀했다는 내용이 보인다. 다음 달인 9월 27일과 28일에도 문안을 했으며, 10월 1일에는 여수로 갔다가 3일 한산도로 모시고 오기도 했다. 10월 7일 어머니의 수연을 베푼 뒤 10일 하직인사

문안드렸다고 하지만, 사실 여부는 확인하기 어렵다.

를 올렸다는 기록이 있다. 이를 보면, 한산도와 여수를 왕래하면서 어머니를 찾아가기 위해 여러 모양으로 노력했음을 알 수 있다.

앞에서 보았듯이, 이순신은 일기 작성 첫날부터 어머니에 대한 그리움을 토로했다. 이후 7년 동안 102번이나 어머니를 언급하고 있다. 전라 좌수영 근처로 어머니를 모셔 오기 전까지는 수시로 안부를 확인하기 위해 아산에 사람을 보냈다. 문안차 하급 관리인 나장羅將(심부름꾼) 2명을 보냈고, 20일 뒤 나장이 가져온 소식에 다행이라고 하였으며, 어머니에게 필요한 물건을 보내기도 했다. 어머니 생신날에 전투가 벌어져 술잔을 드릴 수 없게 되자 평생의 한이라며 마음 아파했다. 늙으신 어머니가 계시는데 흰머리가 난 자신의 모습을 안타까워하는 효심 깊은 아들이기도 했다. 본영 가까이로 어머니를 모신 이후에는 조카와 아들을 자주 고음내로 보내서 어머니의 건강 상태를 확인했다.

1594년 새해가 밝자, 어머니를 모시고 새해를 맞을 수 있음에 다행이라고 했다. 여러 곳에서 어머니를 생각하는 아들의 애틋한 마음을 읽어 내기 어렵지 않다. 1월 11일에는 조카 등을 데리고 직접 어머니가 계신 고음내로 찾아갔다. 주무시던 어머니가 주위의 소란스러움으로 깨신 것을 보고는, "기운이 가물가물해 앞이 얼마 남지 않으신 듯하니, 애달픈 눈물만 흘릴 뿐이다"라고 기록했다. 효심이 깊지 않은 인사들은 결코 쓰기 어려운 표현이다.

전투를 앞두고 오래 머물 수 없어 돌아올 때, "잘 가거라, 나라의 치욕을 크게 씻어라. 두세 번 타이르면서도 헤어지는 슬픔을 말하지 않으셨다"라고 기록한 내용은 우리의 가슴을 깊게 두드린다. '그 어머니에 그 아들'이라는 말이 가장 잘 어울린다. 세상의 모든 어머니는 자식이 편안하고 행복하기를 바랄 것이다. 그럼에도 이미 아들 둘을 먼저 보낸 어머니가 남아 있는 셋째 아들에게 '나라의 치욕을 씻으라'고 했으니, 어머니의 강한 성정을 짐작할 수 있다. 강한 어머니의 가르침은 강한 아들을 만들었다. 그리고 결국 그 아들은 나라를 구했던 것이다. 다시금 우리는 이순신의 생각과 행동에 어머니의 영향이 컸음을 확인할 수 있다.

이순신은 무과 급제 후 변방의 장수직을 수행하면서 아산에 계신 어머니와 떨어져 지내야 했다. 전라 좌수사로 부임한 이후 비로소 근무지인 좌수영 가까이에 모시고 왔으나, 언제 위급한 일이 벌어질지 모르는 전쟁 상황에서 편안히 모시기 어려웠다. 빅토르 위고는 '여인은 약하지만, 어머니는 강하다'고 했다. 자식의 마음을 누구보다 잘 알고 있었을 어머니는 아들의 부담을 덜어 주기 위해 나라의 치욕을 씻으라고 말했던 것이다. 기운이 떨어진 어머니를 보면서 아들 이순신은 애달픈 마음에 눈물을 흘렸지만, 어머니는 떠나는 아들에게 슬픈 기색을 보이는 대신 나라를 위하라고 당부할 뿐이었다.

이순신은 전쟁을 치르는 중에도 어머니의 안부에 민감했고, 평안하시다는 소식에는 즐겁고 다행스럽다고 했다. 병든 어머니를 생각하면서 밤을 새우고, 먼바다에서도 어머니 생신에 잔을 드리지 못함을 안타까워했다. 어머니가 이질에 걸리자 구십 노인이 이런 위태한 병에 걸려 걱정스럽다는 일기를 작성했다. 당시 어머니의 나이는 구십이 아니고 팔십이었는데, 아들 이순신의 눈에는 구십으로 보일 정도로 안타까움이 컸던 것 같다. 이질에 걸린 뒤 일주일 만에 어머니가 완쾌되었다는 소식을 전해 들은 이순신은 '천만 다행'이라는 표현으로 효성스러운 속마음을 드러냈다.

가까이에 어머니를 모시고 효도하려고 했던 이순신의 소망은 1597년에 들어서면서 물거품이 되고 말았다. 1596년 12월 12일, 이원익이 부산에 있는 일본군 주둔지에 화공火攻을 펼쳐 막대한 피해를 입힌 사건이 있었는데, 이순신의 군관들이 이를 자신들의 공으로 돌리는 허위 장계를 조정에 올려 문제가 되었다. 해가 바뀐 1월에는 이중 간첩인 요시라라는 인물이 일본의 무장 가토 기요마사가 다시 침략해 올 것이라는 소식을 전했는데, 이 말을 그대로 믿은 조정은 이순신에게 무리한 출정을 요구했다. 이순신은 이것이 왜군의 계략임을 알아채고 출정하지 않았으나 왕명을 기망한 죄로 선조에 의해 하옥되고 말았다. 이에 결국 1597년 2월 6일 파직되고 말았던 것이다. 2월 25일 통제사직에서 해임되었고, 26일 원균에게 통제사직을 인계한 후 서울로 압송되었다가 3월 4일 의금부에 하옥되었다. 아들이 서울로 압송되자 어머니는 4월 초 여수를 떠나 아산으로 돌아가기 위해 배를 탔다. 그러나 집으로 가던 배 위에서 4월 11일, 83세의 일기로 사망하고 말았다. 가까이 모시면서 오랫동안 효도하고자 했던 이순신의 소망은 생각대로 이루어지지 못했던 것이다.

옥에 갇힌 이순신은 4월 1일 옥문을 나왔다. 권율의 휘하에서 백의종군하기 위해 내려오던 그가 어머니의 부음을 들은 것은 4월 13일이었다. 이순신은 "뛰쳐나가 둥그러지니 하늘의 해조차 캄캄하다. 곧 해암蟹巖(아산시 인주면 해암리)으로 달려가니 배가 이미 와 있었다. 길에서 바라보는, 가슴이 미어지는 슬픔이야 이루 다 어찌 적으랴…"라며 피를 토하는 심정을 그대로 일기에 남겼다. 4월 19일까지 아산에서 어머니 상을 치른 이순신은, "어찌하랴, 어찌하랴, 천지간에 나와 같은 사정 또 어디 있을 것이랴. 어서 죽는 것만 같지 못하구나"라고 울부짖은 뒤 길을 떠났다. 백의종군 길에 어머니 생신을 맞자, "어머님 생신이라 슬프고 애통함을 참을 수 없다"라며 밤을 새워 눈물을 흘렸다고 고백했다.

강력한 리더십을 갖춘 전쟁의 영웅이었지만, 어머니 앞에서는 나약한 아들일 뿐이었다. 전쟁 중이라 제대로 된 장례도 모시지 못하는 처지에 대해 때를 잘못 만난 때문이라고 한탄했다. 어머님에 대한 간절함에 슬픔과 울음으로 밤이 깊도록 잠들지 못했다는 표현과, 명량해전 5일 전에 "홀로 배 위에 앉아서 어머님 그리운 생각에 눈물지었다. 천지간에 나 같은 사람이 또 어디 있으랴"라는 토로는 어머니에 대한 그리움이 대단히 깊었음을 잘 보여 준다. 이순신의 어머니에 대한 효심은 보통사람들의 생각 그 너머에 있었으며, 일반적인 사람들이 미칠 수 있는 것이 아니었다. 어려서부터 가문의 올곧은 성향을 체득하여 이를 부모에 대한 효와 국가에 대한 충으로 승화시킨 것으로 이해된다.

어머니에 대한 효심이 깊었던 만큼 이순신의 자식 사랑 역시 여느 부모에게 뒤지지 않았다. 막내아들 면이 병으로 고생했을 때의 일기를 보자.

> "저녁에 탐후선이 들어와 어머니께서 평안하시다는 것을 들었으나, 면의 병세는 여전히 중하다는 것이었다. … 이날 밤 심사가 산란해서 홀로 마루에 앉아 있는데, 내 마음을 잡을 수 없었다. 걱정이 쌓여 밤 깊도록 잠을 이루지 못하였다."
>
> — 『난중일기』 1594년 7월 12일

아들의 병세가 호전되지 않음을 크게 걱정하면서 보통의 부모들처럼 마음 아파하는 애틋한 정을 그대로 드러냈다. 3일 후에 면의 병세가 호전되었다는 소식을 듣고는 "기쁘기 그지없다"라고 기록했다. 평소 몸이 약하여 마음을 아프게 했던 막내 아들의 사망 소식을 접한 뒤 작성한 일기를 보자.

"저녁 때 어떤 사람이 천안天安으로부터 와서 편지를 전하는데, 미처 봉함을 뜯기도 전에 뼈와 살이 먼저 떨리고 정신이 혼미해졌다. 겉봉을 대강 뜯고 둘째 아들 열의 글씨를 보니 겉면에 '통곡' 두 자가 씌어 있어 면葂의 전사를 알고, 간담이 떨어져 목 놓아 통곡했다. 하늘이 어찌 이다지도 인자하지 못하신고, 간담이 타고 찢어지는 듯하다. 내가 죽고 네가 사는 것이 이치에 마땅하거늘, 네가 죽고 내가 살았으니, 이런 어긋난 일이 어디 있을 것이냐. 천지가 캄캄하고 해조차도 그 빛이 변했구나. 슬프고 슬프다. 내 아들아, 나를 버리고 너는 어디로 갔느냐. 남달리 영특하기로 하늘이 이 세상에 머물러 두지 않는 것이냐. 내가 지은 죄 때문에 앙화가 네 몸에 미친 것이냐. 내 이제 세상에 목숨을 부지한들 누구에게 의지할 것이냐. 너를 따라 함께 죽어 지하에서 같이 지내고 같이 울고 싶건만 네 형, 네 누이, 네 어머니가 의지할 곳 없으니 아직은 참고 연명이야 한다마는 내 마음은 이미 죽고 형상만 남아 있어 울부짖을 뿐이다. 하룻밤을 지내기가 길고 길어 1년 같구나."

— 『난중일기』 1597년 10월 14일

늘 사적인 일보다는 공적인 일을 우선했던 이순신 역시 천륜으로 엮인 아들의 죽음에 목 놓아 울었던 평범한 아버지일 뿐이었다. '천지가 캄캄하고', '내 마음은 이미 죽고' 등의 표현은 아들의 죽음에 애통함이 얼마나 컸는지 그대로 보여 준다. 평소 하늘에 의지하려는 성향을 견지했던 그가 '하늘이 어찌 이다지도 인자하지 못하신고' 하며 하늘을 원망하기까지 했으니, 대단히 비통했던 속마음을 읽을 수 있다. 국가가 직면한 전쟁의 어려운 국면에서 승리를 이끌어 내야 하는 최전방 장수였던 이순신은, 어머니의 아들이자 자식의 아버지로서 내면의 인간적인 정도 깊었다. 그러다 보니 어머니의 안위와 처자식에 대한 정을 일기의 곳곳에 간절한 심정으로 써 내려갔던 것이다.

시대의 변화에 따라 인류의 가치관과 삶의 형태가 변하더라도, 인간의 내면에 형성된 기본 정서는 쉽게 변하지 않는다. 그 중에서도 부모와 자식으로 묶어진 혈연의 정은 더욱 견고하다. 이것이 가족을 넘어 사회 질서 확립에 가장 큰 영향을 미친 요

인이었음은 동서고금의 역사에서 동일하게 확인된다. 가족애
는 사회 윤리의 확립을 적극 도모했던 조선 선비들이 강조한
가치 가운데 하나였다. 이순신은 이를 국가(군주)에 대한 충으
로 확대, 승화시켰다. 자신이 배운 성리학 이념을 생활에 그대
로 실천한 것이다. 이러한 삶의 태도야말로 이순신이 오늘날까
지 위인으로 여겨지는 까닭이고, 지금 우리가 『난중일기』를 읽
으며 새겨야 할 교훈인 것이다.

2) 내 명은 하늘에 있거늘: 용勇

> "정신이 몽롱한 게 멍청이가 된 것도 같고 미친 것 같기도
> 했다."
> — 『난중일기』 1594년 5월 9일

용勇은 날쌔고 씩씩한 기상을 말한다. 봄의 전령사라고 하는
매화는 절개와 고결함, 겨울의 매서운 추위를 이겨 내는 용기
를 상징한다. 의義를 보고 행하지 않는 것은 용기가 없기 때문
이라는 공자의 말도 있다. 이순신은 진취적인 기상으로 의에

따라 나라를 구하고자 용기를 발휘했다. 그저 나라를 사랑하고 사람을 소중히 여겼으며, 자신에게 부여된 임무에 충실하면서 국가와 백성이 맡긴 본분을 다했을 뿐이다. 그런데 용기를 발휘하기 위해서는 건강이 담보되어야 한다.

재산을 잃는 것은 인생의 일부를 잃는 것이고, 신용을 잃는 것은 인생의 절반을 잃는 것이며, 건강을 잃는 것은 인생의 전부를 잃는 것이라는 말이 있다. 세상 모든 것을 얻더라도 건강을 잃으면 모든 것을 잃는다는 의미이다. 따라서 건강은 원만한 삶의 가장 중요한 전제 조건이 아닐 수 없다. 특히 리더의 건강은 구성원들의 안전과 직결되기 때문에 더욱 중요하다. 그런데 역설적이게도 이순신은 건강이 좋은 편이 아니었다.

1591년 2월 13일 전라 좌수사에 임명되어 임진년 전투에서 연전연승하던 이순신은 1593년 8월 15일 삼도수군통제사에 임명되었다. 1597년 2월 6일 모함으로 통제사에서 파직되었지만, 백의종군 후인 1597년 7월 23일 통제사로 복직되어 다시 삼도의 수군을 지휘했다. 전쟁 발발 이후 내내 바닷가에 위치한 사령부에서 벗어난 일이 없었다. 세계 해전사상 최고의 승리로 인정받는 전투를 치렀던 이순신이라면 당연히 좋은 체력과 건강을 소유했었을 것이라 생각할 수 있다. 그러나 일기 속에서 확인되는 그의 건강은 그다지 좋은 편이 아니었다.

1592년 5월 29일 사천해전에서 총상을 입은 이후 이순신의 건강은 매우 나빠졌다. 당시 "왼편 어깨 위에 탄환을 맞아 등으로 뚫고 나갔지만 중상은 아니었다"라고 좋지 않은 건강 상태를 기록하기도 했다. 더군다나 국정 운영에 공정성과 합리성을 잃은 군주, 관료들의 우왕좌왕 태도, 당파 갈등에 따른 주변 인사들과의 불편한 인간관계 등은 스트레스를 더욱 극대화시켰고, 그 결과 국가의 명운과 병사들의 생사를 짊어진 이순신의 건강에 치명적인 악조건으로 작용했다. 임진왜란 당시 조정에서는 수군을 혁파하고 육군에 합류하라는 지시를 내리는 등 현장 지휘관의 의견을 무시하는 경우도 종종 있었다. 이 역시 막대한 스트레스를 안겼을 것이다.

일기에는 건강과 관련된 표현이 147건이나 기록되어 있다. 현대 의학에서 만병의 근원이라고 단정한 스트레스에 시달리면서도 모든 전투를 승리로 이끌었던 이순신의 건강 상태를 살펴보자.

평소 이순신은 일기 여러 곳에 "몸이 몹시 불편해 일찍 들어

왔다"라는 말을 자주 기록했다. 어지러워 밤새 고통스러웠다거나, 이웃 지역의 장수를 만나 이야기를 나누던 중 술상이 마련되었음에도 몸이 불편해 그냥 돌아온 적도 있고, 하루 종일 신음하거나 병세가 아주 심해 사람을 거의 알아보지 못한 적도 있었다. 곽란이 일어나 몹시 앓았는데, 몸이 차가운 것으로 오해하고 소주를 마셨다가 인사불성이 되어 깨어나지 못한 적까지 있었다. "정신이 몽롱한 게 멍청이가 된 것도 같고 미친 것 같기도 했다"라고 고백한 언급도 있다.

"이른 아침 몸이 몹시 불편하여 위장약[溫白元] 4알을 먹었다"라는 기록처럼, 속이 좋지 않아 위장약을 자주 복용했다. 땀이 온몸에 흠씬 배고 밤새도록 땀을 흘린 적도 있었으며, 등을 적시고 옷 두 겹이 다 젖고 이부자리가 젖을 정도의 불안한 상태를 겪기도 했다. 밤 10시경부터 자정까지 땀을 흘렸다며 구체적인 시간을 기록한 내용도 여러 곳에서 확인된다.

밤새 앓다가 아침 닭이 울 무렵에 열이 조금 내린 적도 있고, 이른 아침부터 침을 맞은 적도 있으며 습기와 열 때문에 침 20여 방을 맞기도 했다. 명량해전을 끝낸 뒤에는 코피를 한 되 남짓 흘리는 일이 발생할 정도로 건강 상태가 상당히 좋지 않았다.

장수들을 만나지 못하거나 공식 업무를 볼 수 없을 정도로 힘든 상황이 자주 발생했으며, 주변 인사들이 약을 보낸 적도 많았다.

명량해전 직전인 1597년 8월부터 전투 후인 12월까지 몸이 불편하거나, 과음과 곽란에 의한 통증을 호소한 적이 대단히 많다. 술에 취해 토하거나 숙취가 심해 방 밖으로 나가지 못한 날도 있었고, 과음으로 수면에 들지 못하기도 했다. 건강이 좋지 않은데 자주 술을 마신 것은 고독과 외로움을 해결하기 위한 나름의 방법이었다. 원균의 주사를 심하게 비난했던 그였지만, 가끔은 술에 취할 수밖에 없었던 인간적 면모를 확인할 수 있다. 아마도 백의종군 이후 통제사 복귀와 선조의 수군 해체 명령으로 많은 스트레스가 있었던 듯하다. 더불어 12척의 배로 왜적과 싸워야 하는 어려운 상황이 야기한 결과라고 생각된다.

잠을 이루지 못한 날도 많았는데, 민감한 성격의 이순신이 일종의 불면증을 겪었다고 할 수 있다. 밤 기온이 차서 잠을 이루지 못한 날도 많고, 신음하면서 밤을 꼬박 새운 날도 많았다. 그러다 보니 수면 부족으로 눈병을 얻기도 했다. 깊은 수면에 들지 못하거나 자면서 땀을 흘리는 경우를 현대 의학에서도 상당히 좋지 않은 증상으로 판단하고 있다. 일명 도한증盜汗症이라고 하는데, 극심한 피로로 기력이 떨어진 사람에게 나타나는 증상이라 진단하고 있다. 잠을 설치고 식은땀을 흘린 적이 많다는 것은 이순신의 건강이 무척 좋지 않았음을 잘 보여 준다.

건강상태가 그다지 좋지 않았기 때문인지 몰라도 이순신은 꿈과 점괘를 긍정적으로 해석하려는 경향이 컸다. 전쟁의 한복판, 심리적으로 불안했던 상황을 극복하기 위한 나름의 방법이었다. 악몽과 나쁜 점괘조차 가급적 긍정적인 방향으로 해석하여 심리적 안정을 도모했던 듯하다. 일기 속의 꿈과 해몽, 점을 쳤던 사실을 살펴보자.

잠에서 깬 뒤 꿈을 생각하면서, 처음에는 나쁜 것 같았지만 결과적으로는 좋은 꿈이었다고 썼다. 악몽을 유리한 쪽으로 해몽했던 사례의 하나이다. 아들을 얻는 꿈을 꾸고는 포로를 잡을 징조라고 해석했다. 한쪽 눈이 없는 말을 본 꿈과, 새벽에 좋은 말을 타고 바위가 많은 큰 산마루 위의 평평한 곳에 자리 잡으려다 깬 꿈에는 무슨 징조인지 모르겠다고 했다. 미인이 혼자 앉아 손짓을 하는 꿈에 대해서는 '우습다'라고 했다. 첩인 부안댁이 아들 낳는 꿈을 꾸고서는, 낳을 달이 아니라면서 꿈이지만 내쫓아 버렸다고 표현했는데, 터무니없는 상황은 무시하겠다는 의도를 드러낸 것이었다.

"바닷속에 있는 외로운 섬이 달려가다가 내 눈앞에서 주춤 섰는데, 그 소리가 우레 같았다. 사방에서는 모두 놀라서 달아났는데, 나만 혼자서 끝까지 그것을 구경했다"라는 꿈은 왜구들이 화친을 애걸하고 스스로 멸망할 징조라고 해석했다. 머리를 풀고 크게 우는 꿈에 대해서도 좋은 징조라고 해몽했다. 승리에 대한 확신을 다지고, 직면한 상황을 최대한 긍정적으로 보았던 것이다. 이상한 꿈을 꾸고서도 임진년 승전할 때의 꿈과 같았다고 좋은 방향으로 해석했으며, 심지어 명량해전을 앞둔 날에는 꿈에 신인神人이 나타나 이렇게 하면 크게 이긴다는 꿈을 꾸었다고 주장했다. 승리를 위한 적극적인 의지가 꿈으로 나타났던 듯하다.

심란한 꿈을 꾸었을 때는 주변 사람들과 대화를 나누려고 했고, 어머니 상을 치르고 백의종군하면서 나쁜 꿈을 꾼 것에 대해서는 돌아가신 형님들이 위로하려는 것이라고 했다. 원균과 관련된 나쁜 꿈은 크게 흉하다는 것으로 마무리했는데, 꿈에서조차 원균에 대해서는 불편한 감정을 숨기지 않았다.

아들 면이 전사한 날의 일기에는 "말을 타고 가다가 냇가로 떨어졌는데 아들이 감싸 안는 형상을 보았다"라는 내용이 있다. 어쩌면 아들의 전사를 예견했던 듯하다. 며칠 뒤엔 아들의 죽음에 통곡하는 꿈을 꾸었다거나, 아들 면이 죽는 꿈을 꾸면서 슬피 울었다는 내용의 일기를 거듭 남겼다. 어찌 보면 신통하다고 할 수 있을 정도의 꿈이다.

점도 자주 쳤는데, 아들 면의 병세를 걱정하면서 점을 친 뒤에는 군왕을 만날 수 있는 좋은 괘라고 했으며, 비가 올지 안 올지 점을 치기도 했다. 이튿날 일기에는 점괘대로 비가 왔다면서 '참 절묘하다'는 말로 자신의 해몽에 대한 믿음을 보였다.

장문포해전(1594년 9월 28일)을 앞둔 날에는 두 번에 걸쳐 점을 치기도 했다. 천하의 이순신도 전쟁을 앞둔 상황에서는 점괘를 통해서라도 위로받고 싶었던 평범한 인간이었음을 방증한다. 좋은 점괘가 나올 때까지 점을 치기도 했는데, 아내의 병세에 대해 세 번에 걸쳐 점을 치고는 '아주 좋다'고 스스로 위로했다는 일기가 그것이다.

유성룡의 천식을 걱정하면서 점을 친 뒤 좋은 소식이 있을 것이라고 기대했다. 적의 공격 여부에 대해 점을 친 뒤에는 아주 좋은 점괘라고 하는 등 전반적으로 점괘를 좋은 방향으로 해석했다. 자신의 판단과 결심에 따라 승패가 좌우되는 사령관의 입장에서 본인 스스로의 결정에 힘을 실어 주기 위한 노력의 하나로 이해된다. 새벽꿈에 어떤 사람은 화살을 멀리 쏘고 또 어떤 사람은 갓을 발로 차서 부수었는데 이에 대해 점을 쳐 보니, 화살을 멀리 쏘는 것은 적들이 멀리 도망가는 것이고 갓을 발로 차서 부수는 것은 적의 괴수를 모두 잡아 없앨 징조라고 해석하기도 했다.

자신의 꿈을 긍정적으로 해석하고 점을 친 뒤 나쁜 점괘조차 좋은 방향으로 푸는 행위는 본인이 직면한 현실이 고통의 연속이었음을 반증한다. 최종 결정권자로서 생과 사를 가름하는 지휘관이었지만, 가끔은 그 무거운 짐을 내리고 무엇인가에 의지하고 싶었을 것이다. 숙명적인 상황에 의존하려는 마음도 없지 않았다. 일기 속에 녹아 있는 하늘(천명) 관련 내용을 살펴보자.

연일 비가 내려 적들이 물에 막혀 행패를 부리지 못하는 것을 보고, 하늘이 호남을 돕는 것이니 정말 다행이라고 했다. 다음 날의 일기에서도 비가 많이 내려 하늘이 돕는다고 했고, 5, 6백 척의 배가 공격해 오더라도 마땅히 이길 것이라고 했다.

농사철이 되어 비가 흡족하게 내린 것은 하늘이 백성들을 살리려는 뜻이라고 했으며, 어머니 장례를 치르고 떠났던 백의종군 길에서는 "하늘이 어찌하여 내 사정을 살펴 주지 못하는지, 왜 빨리 죽지 않는지"와 같은 말로 하늘에 위로를 기대하는 자신의 속마음을 드러내기도 했다. 어머니에 대한 간절한 마음과, 자신의 어려운 처지에서 오는 인간적인 한계를 담은 것으로 보인다. 나라를 구한 영웅이었지만, 그 역시 인간적 감정에서 자유로울 수 없었다. 명량해전 전과 당일의 긴박했던 상황을 기록한 일기를 보자.

　바람이 거세게 불어 배가 몹시 흔들렸는데도 부서지지 않고 보전된 것을 '하늘의 도움', 즉 천행이라고 했다. 1597년 9월 명량해전 당일의 일기에서는 "안위가 싸우려 할 때, 적장의 배와 다른 2척의 배가 안위의 배에 달라붙고 안위의 격군 7, 8명이 물에 뛰어들어 헤엄을 치니 거의 구하지 못할 것 같았다. 그래서 나는 배를 돌려 바로 안위의 배가 있는 곳으로 갔다. 안위의 배 위의 군사들은 죽기를 한하여 마구 쏘아 대고 내 배의 군관들도 빗발같이 쏘아 대어 적선 2척을 남김없이 모조리 섬멸하니 천행, 천행이다. 우리를 에워쌌던 적선 30척도 깨뜨려졌으니 모든 적들은 당해 내지 못하고 다시는 범접해 오지 못했다" 라며 자신이 거둔 승리를 하늘의 도움으로 돌렸다. 명량해전이라는 세계 해전사상 최고의 승리를 하늘의 도움에 의한 것이라고 표현했다. 자신의 뛰어난 전략과 전술로 거둔 승리였음에도 불구하고 전쟁의 승패는 하늘이 정한다는 숙명론적 입장을 견지했던 것이다.

아들의 죽음 소식을 듣고는, "달빛은 비단결 같고 바람 한 점 없는데, 혼자 뱃전에 앉아 있으려니 심회를 달랠 길이 없다. 뒤척이다 밤새도록 잠을 이루지 못한 채 하늘을 우러러 탄식할 따름"이라고 했으며, "하늘이 어찌 이다지도 인자하지 못하신고…"라고 한탄하기도 했다. 침략군조차 두려워했던 호랑이 장수였지만, "하룻밤 지내기가 길고 길어 1년 같다"라며 고통을 토로했다. 그 역시 아들 앞에서는 한없이 나약한, 평범한 아버지였던 것이다.

이순신은 임진왜란을 승리로 이끌고 일본 침략군을 몰아내는 데 미증유의 리더십을 발휘했다. 전쟁이 전개되던 7년 동안 남해 바닷가를 떠난 적이 없는 그에게 위로가 되었던 것은 무엇이었을까? 단언컨대 그가 의지한 것은 다름 아닌 본인이었다. 자기 암시를 통해 자칫 놓칠 수 있는 자신감과 용기를 스스로 만들고 충전했던 것이다. 군주와 관료들의 도움을 기대하기보다는 스스로 전쟁을 준비했다. 틈만 나면 조류의 흐름을 파악했으며, 늘 사전에 전투선을 정비하고 수시로 활쏘기 훈련을 실시하는 등 투철한 유비무환의 정신으로 전투력을 최대로 끌어올렸다. 터럭만큼의 불법과 부정도 용납하지 않음으로써 군대의 기강과 군인의 사기를 높였다. 그리고 이는 이순신이 승리할 수 있는 기반이 되었다.

구체적이고 예리한 전략과 전술을 구사하며 연전연승했던 이순신이었지만, 그에게도 두려움은 있었을 것이다. 좋지 못한 건강, 빈약한 정치적 배경, 야전 사령관으로서 겪어야 하는 어려움, 그로 인한 내적 갈등, 고뇌 등…. 그는 이 모든 두려움을 용기로 바꾸기 위해서 자신의 군대를 강력하게 만들고자 했다. 그럼에도 풀리지 않는 두려움은, 나쁜 꿈과 점괘조차 긍정적인 방향으로 해석하여 맞서고자 했다. 그리고 '하늘'이 자신을 돕는다는 천명론을 굳건하게 견지하여 한순간도 버리지 않았다. 이런 점에서 이순신 역시 우리 주변에서 흔히 만날 수 있는 한 명의 인간이었음을 느끼게 된다.

3. 갈등과 대립을 넘어 협력으로

1) 공동체 유대관계의 강화: 예禮

> "여러 장수들이 모여서 회의하고 그대로 들어가 앉아 위로
> 하는 술잔을 네 순배 돌렸다."　　— 『난중일기』 1596년 5월 5일

　　예禮는 각자의 신분과 사회적 지위에 따라 행하거나 지켜야
할 기본적인 도리를 말한다. 예법에 따라 제사를 모신다거나(봉
제사), 손님을 예에 맞추어 접대하는 일(접빈객) 등이 그것이다.
전통사회에서는 예는 언행을 삼가게 하고 음악은 인심을 감화
시킨다고 하여 예악을 기본 가치로 삼았으며 또한 예악을 포함
한 육예(예禮·악樂·사射·어御·서書·수數)를 중시했다. 그중 '예'야말로
선비의 제1덕목인 인간다움을 상징하는 것으로 판단된다. 이
에 따라 타인과의 어울림에서도 '예'의 준수를 가장 중시했다.
더군다나 밖에서의 행동거지를 근거로 집안의 교육 여부(가풍)
를 평가했으므로, 집안의 체면을 중시했던 조선사회에서 예의

실천은 무척 중요하게 인식되었다. 물론 현재까지도 '예'는 법적 행동보다는 효의 실천 등 윤리와 도덕을 가름하는 기준으로 작용하고 있다.

조선의 선비들은 조상의 제사 모시기와 손님 접대하는 일을 대단히 소중하게 생각하여 예에 맞추어 어긋나는 일이 없었다. "제사에 예를 다하지 않으면 신도 받지 않을 것이며, 예가 번잡하면 흩어질 것이며, 신을 섬기는 일은 지극히 어렵다"라는 『서경』의 말에는 그 중요성과 어려움이 잘 드러난다. 중앙의 관료들은 물론 지방관들 역시 국기일(역대 군주와 왕비의 제사를 지내는 날)을 결코 빠뜨리지 않았다.

조선의 선비정신을 갖추었던 이순신 역시 예의 준수에 철저했다. 전투가 벌어진 날은 어쩔 수 없었지만, 그렇지 않은 날에는 국가의 공식적인 제사와 가족 제사를 반드시 지켰다. 주변 인물과의 빈번한 만남도 빠뜨리지 않고 상세하게 기록했다. 일기에 제사 관련 내용이 64건인데, 전쟁 중에도 상당히 철저하게 제사를 챙겼음을 알 수 있다. 참전한 날이 아니면 임금께 올리는 망궐례와 국기일은 반드시 챙겼다. 집안의 증조부모와 조부모, 부모와 장모, 장인 그리고 먼저 돌아가신 두 형의 제삿날도 놓치지 않았다. 때로 공적인 업무를 중단할 정도로 봉제사에 정성을 다했던 그는 주변 인사들과의 만남에도 성실하게 임했다.

이순신이 전라 좌수사와 통제사를 역임할 때 상당히 많은 인사들이 그를 방문했다. 주변 지역에서 활동 중인 지휘관들이 대부분이었지만, 체찰사 등 고위직 인사 및 일반 백성 등 다양한 인사들도 방문했다. 방문한 인사들과 나누었던 구체적인 대화 내용은 일기에 보이지 않아 정확하게 알 수 없지만, 단언컨대 전쟁 수행에 필요한 전략과 전술 모색을 위한 대화였을 것으로 생각된다. 그의 일상생활은 한순간도 전쟁과 분리된 적이 없었다. 자신의 패전을 조선의 패망으로 인식했기에, 늘 승리를 위한 창의적인 전략 방안을 모색했다. 물론 방문자들과의 대화를 통해서도 전략을 강구했을 것이다.

"아침 식사 후에 3도 군사들을 모아 전략을 논의했다", "식사 후에는 충청 수사 정영공과 이홍명, 광양 현감 어영담이 와서 종일토록 군사 관련 이야기를 나누었다"라고 기록했다. "식사 후에 순천 부사, 광양 현감, 방답 첨사, 홍양 현감 등을 불러서 복병에 관한 일을 함께 의논했다", "우수사와 경상 수사 원균, 충청 수사도 함께 와서 술을 세 순배 하였다", "회령 만호가 교서에 숙배한 뒤에 여러 장수들이 모여서 회의하고 그대로 들어가 앉아 위로하는 술잔을 네 순배 돌렸다" 등과 같은 기록도 있다.

주변 인사들의 방문 사실을 살피기 위해서는 일기에 빈번하게 등장하는 술에 대한 기록을 확인하는 것도 하나의 방법이다. 방문한 인사들과의 대화 중에 거의 빠짐없이 등장한 것이 술이기 때문이다. 조방장 정걸과 능성 현감 황숙도가 방문해서 함께 술을 마신 일, 송별을 위한 술자리 마련, 방답 첨사와 광양 현감이 술과 안주를 마련해 가지고 왔다는 내용 등은 술자리가 상당히 빈번했음을 보여 준다.

늦은 시간까지 우수사, 순천 부사, 광양 현감, 낙안 군수와 함께 술을 마시면서 군관들의 편을 갈라 활을 쏘기도 했다. 술자리에서 전투에 필요한 전략을 구상하는 과정에 훈련을 겸했던 것으로 보인다. 휘하 장병들, 명나라 관원 및 선전관들과 술을 마시고 전략을 구상하기도 했다. 당시 명나라 관원은 조선 수군의 우수성과 장함을 칭찬하기도 했는데, 일기의 다음 기록이 눈에 뜨인다. "쇠로 만든 총통은 전쟁에 가장 긴요한 것이지만, 우리나라 사람들은 만드는 방법을 알지 못하였다. 이제 연구를 거듭하여 조총鳥銃을 만들어 냈는데, 왜총보다 더 성능이 좋았다. 명나라 사람들이 진중에 와서 시험으로 쏘아 보고는, 칭찬하지 않는 이가 없다." 명나라에서도 조선 수군의 역량을 높이 평가했음을 알 수 있다.

1598년의 일기에는 명나라 제독 진린과의 술자리 이야기가 여러 차례 등장한다. 노량해전 직전까지 진린과 자주 만난 것으로 보아 당시 일본군의 퇴각과 임진왜란의 종전이 임박했었음을 알 수 있다.

주변 지역의 지휘관을 불러 술을 마시며 이야기를 나누기도 했고 본인이 직접 우수사와 충청 수사의 배로 가서 술을 마시고 오기도 했다. 대부분은 이순신이 대접했지만, 주변 지역의 지휘관들이 술을 가지고 오는 사례도 빈번했다. 술을 통해 이순신과 주변 인사들이 상당히 원활하게 소통했음을 알 수 있다.

이 밖에도 술에 관련된 내용으로 몇 가지만 덧붙인다. 1597년 4월 출옥 이후 백의종군 길에서도 많은 이들이 술을 가지고 찾아와 위로했는데, 심지어 노인들이 길가에 늘어서서 술을 바치기도 했다. 평소 다른 이에게 신세 지는 일을 삼갔던 이순신이 술을 받지 않자, 울면서 강제로 권하는 경우도 있었다. 술을 홈

치려다 잡힌 병사를 곤장으로 처벌한 경우처럼 술 도난 사건에 대한 처벌 사례도 여러 곳에서 확인된다. 전혀 알려지지 않았던 술인 과하주過夏酒(여름 이후에도 쉬지 않는 술)를 소개하여 지역의 토착 술 문화를 이해하는 데 도움이 되기도 한다. 또 휘하의 병사들을 위로하기 위해 술을 자주 베풀었는데, 투항한 왜인들에게도 술을 주었다. 이는 항복한 왜군의 불안한 심신을 달래주려는 의도였다.

술이 있으면 놀이도 따르는 법, 일기에서 확인되는 놀이문화를 살펴보자.

전쟁 와중에 병사들의 눈을 의식하지 않을 수 없었던 만큼 통제사 이순신 본인이 특별하게 즐겼던 놀이를 밝히기는 어렵다. 무엇보다 생각과 행동이 온통 전쟁의 승리에만 집중되어 있었고 모든 면에서 솔선수범했으므로 놀이를 즐길 여유가 없었다. 그럼에도 불구하고 방문한 인사들과 수시로 술을 마셨던 사실과 더불어 몇 가지 놀이를 즐겼음이 확인된다.

1593년 3월 18일 등의 기록에서 바둑과 장기를 자주 두었음을 알 수 있다. 같이 둔 이가 주변 지역의 지휘관들이었으므로 단순하게 바둑과 장기만 두었을 것으로는 보이지 않는다. 전략 및 전술 구상에 관한 심도 있는 이야기도 나누었을 것으로 짐작된다. 우수사 이억기의 진지에 가서 바둑을 두는데 휘하의 첨사들이 모두 왔다거나, 늦은 시간에 순천 부사와 우수사, 첨사 등이 와서 하루 종일 장기를 두었던 일도 있다. 그리고 우수사 및 충청 수사, 장흥 부사, 마량 첨사 강응호가 와서 바둑을 두고 군사를 의논했던 날도 있다.

바둑과 장기 외에 종정도 놀이를 즐긴 날도 있다. 또 씨름을 통해 병사들의 흥을 돋우거나 씨름 내기를 통해 승부욕을 자극하기도 했으며, 승리한 자에게는 상으로 쌀을 주었다.

그가 즐긴 악기는 젓대(대금의 일종)와 거문고, 피리 등이었다. 젓대와 거문고 소리를 들으면서 방문한 인사들과 이야기를 했다는 것은 한편으로 낭만적이기도 하다. 그러나 결국 유대 강화와 전략 구상의 자리로 이해된다. 달빛 아래에서 이야기하면서 들은 피리 소리가 처량하다는 표현은, 최종 결정권자가 처한 고독하고 어려운 상황을 반영한다. 날쌘 장수를 뽑아서 춘원春園(통영군 광도면 예포) 등지로 보내 적을 기다려 공격한 후에는 젓대를 불게 했다는 일화도 있다. 전투의 심란함을 해소했던 자신만의 방법으로 보인다. 우수사 및 장흥 부사, 사도 첨사,

가리포 첨사, 충청 우후를 불러 활을 쏜 뒤에 젓대를 불고 노래를 부르다가 헤어졌다는 일기에서는 음악이 여러 전우와 친목을 다지기 위한 수단이었음을 알 수 있다.

이순신은 공동체 유대관계가 전쟁의 승리에 미치는 영향을 중요시하여 봉제사와 접빈객에 성심을 아끼지 않았으며 주변인들에게 예를 다하였다. 친목을 도모하기 위해 술자리를 가지면서도 대화의 내용은 늘 전략과 전술 구상이었다. 바둑과 장기, 때로는 씨름과 악기를 즐기면서 스스로와 병사들의 심리적 부담을 덜고 치유의 시간을 가지기도 했다. 그런데 술이든 놀이든 모든 행동이 전쟁의 승리를 위한 수단이었다는 사실에는 변함이 없다.

2) 전쟁 중에도 챙긴 민생: 인仁

"이날 밤 소나기가 흡족히 내렸다. 어찌 하늘이 백성을 살리려는 뜻이 아니겠는가." — 『난중일기』 1594년 6월 15일인仁은 사람 인人과 두 이二의 합성어로, 인간 상호 간의 관계에서 나타나는 어짊과 사랑을 의미한다. 인을 부모에게 행하면 효, 국가에 행하면 충, 형제에게 행하면 우友, 이웃 어른에게 행하면 제悌가 된다. 공자는 인의 의미와 중요성을 대단히 강조했다. 번지樊遲가 인에 대해 질문하자 '다른 사람을 사랑하는 것愛人'이라고 하였고, 안연顏淵의 질문에는 '스스로를 극복하고 다른 사람을 예로 대하는 것克己復禮', 중궁仲弓의 질문에는 '내가 하기 싫은 것은 남에게 시키지 않는 것己所不欲勿施於人', 사마우司馬牛의 질문에는 '말을 더디게 하는 것訒'이라고 했다. 이를 망각한다면 군자가 아니며, 아무리 위급한 상황이라도 반드시 지켜야 한다고 강조했다.

과거에 급제한 뒤 관직에 진출한 조선의 관료들에게 요구되는 가장 기본적인 임무는 원만한 국정 운영과 백성들의 생활 안정 등 삶의 질 향상이었다. 민생 안정을 위한 구체적인 방안의 강구와 그 방안의 실천을 통한 최대치의 결과 도출이 요구되었다. 그러나 신분제사회였던 조선왕조에서 백성들은 착취의 대상이었으며 관료들은 이들의 피와 땀의 대가를 누릴 뿐이었다. 민생의 안정이 국력 확대의 기본이었지만, 지배층과 피

지배층이 느끼는 온도감은 전혀 달랐다. 그러다 보니 관료들의 관심사는 민생 안정보다 권력 확대와 부 축적에 있었다.

고려 중기 무신정변 이후 여러 차례 권력이 교체되었지만, 민생 안정을 위한 개혁의 추진보다는 소수자에게 권력과 부가 축적되는 현상이 계속되었다. 이후 고려사회의 붕괴가 가속화되었다. 조선 중기 임진왜란으로 국정 혼란과 민생 파탄이 야기되었을 때도 관료층은 당리당략의 추구 및 반목과 질시, 중상과 모략으로 일관했을 뿐이었다. 두 시기 모두 지배층은 부정과 부패에 몰두했고, 경제적 부담과 고통만이 백성들에게 돌아갔다.

그럼에도 결국 민생을 안정시키는 문제는 과거와 현재에 모두 국정 운영의 관건이다. 오천 년 우리 역사의 주인은 언제나 백성들이었기 때문이다. 민심의 향방에 따라 신라에서 고려, 고려에서 조선으로의 왕조 교체가 일어났을 뿐만 아니라, 지배층의 정국 운영에 심대한 영향을 주었다. 단언컨대 민도民度와 민의民意, 민심民心은 시간과 공간의 변화와 관계없이 언제나 정국 운영의 기준으로 작용했으며 민생을 도탄에 빠뜨린 지도자는 백성으로부터 외면당했다. 첨단이 판을 치는 현대사회에서도 정치인들이 가장 신경 쓰는 부분은 경제, 즉 민생 문제이다. 역사적으로 백성들의 굶주림과 추위를 해결하지 못하는 지도자는 언제나 실패했다. 반면 추위와 배고픔이 해결되면 백성들 스스로 국정 운영에 무한 신뢰를 보냈다. 조선 중기 중종 때 도학정치를 이루고자 했던 조광조가 '천민들이 웃는 세상이 태평성대'라고 했던 말과 일맥상통한다.

세종은 당시 인간 취급을 받지 못하던 노비도 자신의 백성이라고 생각했다. 또 죄 없는 백성이 벌을 받거나 억울한 죽음을 당하는 것을 결코 좌시하지 않았다. 민생 안정을 위해 최상의 방안을 모색하고 법치보다는 덕치를 실천했다. 천민이더라도 능력이 있으면 등용했으며 국격國格을 세우는 일이라면 중국에도 할 말을 다 했다. 그 결과 세종은 지금까지도 '성군'으로 불리고 있다. 자신의 건강보다 국가와 백성의 안전을 먼저 생각한 그는 진정 위대한 지도자였다. 지금도 우리가 세종을 존경하는 이유이다.

세종의 애민정책과 마찬가지로, 이순신도 통제사 역임 시 백성을 향한 인의 실천, 즉 민생 안정을 도모했다. 무과 급제 후 변방 여러 곳에 부임하여 주어진 임무를 성실하게 수행했던 이순신은 언제나 공명정대함을 기준으로 했고, 개인적인 욕심보다는 공적인 입장을 먼저 내세웠으며 민생을 위하는 일이라면 어떤 경우든 물러서지 않았다. 특히 징집처럼 공권력으로 백성을 동원하는 일은 기본적으로 삶의 질을 떨어뜨렸으며, 당사자뿐만 아니라 가족과 주변 사람들에게까지 큰 피해를 끼쳤다. 이순신은 백성들의 피해를 어떻게 최소화할 것인지를 고민하고, 공적인 일을 위한 동원이더라도 명확한 기준과 원칙을 제시하여 존경을 받았다. 이는 고금과 동서양을 막론하고 지도자에게 기본적으로 요구되었던 기준이기도 하다. 임진왜란 당시 이순신이 발휘한 리더십에 이러한 특징이 잘 나타난다. 아래에서 일기 속 애민정신을 살펴보자.

이순신은 좌수영 주변 지역의 백성들에게 피해를 주는 어떠한 행위도 용납하지 않았다. 휘하의 석공이 민간인 소유의 개를 건드렸다는 피해 신고가 접수된 일이 있었다. 이 사실을 확인한 그는 석공에게 곤장 80대를 때리도록 했다. 어느 정도 피해를 끼쳤는지 확인하기는 어렵지만, 곤장 80대라면 대단히 큰 벌이 아닐 수 없다. 더 이상 병영 주변의 민간인에게 피해를 주어서는 안 된다는 일벌백계의 강력한 의지가 담겨 있음을 알 수 있다. 데리고 있던 종들이 고을 사람들에게 밥을 얻어먹었다는 말을 듣자 종들을 때리고 밥값을 도로 갚아 주었던 일 역시 민생을 먼저 챙기려는 자세에서 비롯되었다.

휴전 중일 때는 농사와 농부들의 일상생활에 큰 관심을 기울였다. 농사철에 비가 내리지 않음을 걱정하고, 비가 내리면 개천에 물이 넘쳐 농민들의 우환을 덜어 주니 다행이라고 했으며 "오후 2시경부터 비가 내리자 농작물이 생기를 띠었다"라고 기록하기도 하면서 농부만큼 기뻐했다. 농부들의 어려움을 잘 알고 있었으므로 농사의 고민과 고통을 간과하지 않았던 것이다. 주지하듯이 농사의 풍흉은 군량미 확보와 관련되어 전쟁의 승패에 결정적인 영향을 준다. 조선에 침입한 일본군이 전라도 곡창지대를 확보하기 위해 전력을 기울였던 것도 군량미 확보 때문이었다. 강한 군사력은 풍부한 군량미의 조달에서 시작되며 군량미는 농사의 풍년에서 비롯되었던 만큼 장수 이순신이 농사에 큰 관심을 기울인 것은 당연한 태도라고 할 수 있다.

비는 한 해 농사의 풍흉을 가름하는 절대적 요소이다. 첨단 과학을 자랑하는 현대에도 강우량에 따라 농민들이 애를 태우기도 하고 흡족해하기도 한다. "더위와 가뭄이 아주 심해서 섬

속이 찌는 듯하니, 농사가 매우 걱정이다", "이날 밤 소나기가 흡족히 내렸다. 어찌 하늘이 백성을 살리려는 뜻이 아니겠는가", "비가 올지 갤지 점쳐 보니 '뱀이 독을 뱉는 것과 같다如蛇吐毒'는 괘를 얻었다. 장차 큰비가 내릴 것 같은데, 농사일이 걱정스러울 뿐이다" 등의 언급에서는 그가 좌수영 주변에서 농사짓는 농민들과 함께 고민을 짊어지고 있었음을 확인할 수 있다.

"비가 내려 흡족하다", "비가 흡족하니 금년 농사는 풍년이 들 것 같다"라든지, "올해는 가뭄이 너무 심한데, 자못 걱정스러운 말을 어찌 다 하랴"라고 기록했다. "아침에 흐리더니 늦게 큰비가 내렸다. 농민의 소망을 채워 주니 기쁘고 다행한 마음을 이루 말할 수 없다", "비가 흡족해서 다행" 등 비와 관련된 내용의 일기를 수시로 작성했다. 역시 농사에 큰 관심을 기울였다는 증거이다. 중농주의 정책을 추진했던 조선사회에서는 군주부터 백성까지 모두 농업의 중요성을 인지했다. 농사의 풍흉에 국정 운영의 성패가 달렸다고 해도 과언이 아니었다. 전쟁을 수행하던 이순신도 예외가 아니었다. 그러다 보니 농사철이면 어김없이 농민, 농사와 비에 대한 관심을 드러냈다.

한편 이순신은 장병공승將兵共勝의 정신을 바탕으로 애병愛兵을 실천했다. 아무리 귀한 선물을 받더라도 언제나 장병들과 나누었다. 고성 수령이 보낸 약술(추로秋露 혹은 추로수秋露水)과 쇠고기 음식 한 꼬치, 꿀통 등을 병사들에게 골고루 나누어 주었으며, 쇠고기를 받자 곧바로 각 배에 나누어 주었다. 통제사 시절 받은 술 1,080동이를 삼도의 군사들에게 주어 마시도록 했으며, 서울에서 내려 보낸 무명을 나누어 주기도 했다. 이 밖에도 군사들에게 떡 한 섬을 먹이거나, 새해가 되자 모든 군사들이 술을 마실 수 있도록 배려했다. 심지어 항복한 왜인들에게도 술을 주었다.

이와 같이 병사들을 지극하게 사랑하고 귀한 것까지도 아낌없이 공유하는 자세는 병사들과 함께해야만 전쟁을 승리로 이끌 수 있다는 정신에서 비롯되었다. 어머니 상중이라 본인은 먹을 수 없었지만, 병사들에게는 제주에서 온 소 5마리를 먹이도록 했으며 선물로 받은 사슴을 군관들에게 나누어 주었다. 옷 없는 군사 17명에게는 옷을 두 벌씩 주었고, 동짓날이 되면 팥죽을 주는 등 언제나 애정과 관심으로 병사들을 보듬었다.

조선시대 백성들이 부담했던 군역은 대체로 힘들었지만, 그중에서도 가장 고통스러운 것은 수군이었다. 배에는 전투를 수

행하는 병사들과 더불어 노를 젓는 격군, 잡역을 처리하는 인원도 타고 있었는데 이들의 고통 역시 만만치 않았다. "본영의 격군 742명에게 술을 먹였다"라는 기사처럼 격군에 대한 배려 역시 소홀히 하지 않았다. "바람이 몹시 차가워 뱃사람들이 느낄 추위가 염려되니 마음을 안정할 수 없다"라고 한 것도 덕장의 모습을 잘 보여 준다.

화살을 쏘는 병사인 사부射夫와 격군들이 거의 다 굶어 죽게 되었다는 보고를 받자 너무 참혹해서 듣기 거북하다고 하고, 헐벗은 사람들이 추워서 떨고 있다고 하자 차마 듣기 어렵다며 안타까워했다. 불법을 용서하지 않는 호랑이 장수였지만, 고통받는 병사들을 보면 안타까워 어쩔 줄 모르는 정 많은 장수이기도 했다. '불멸의 이순신'과 '인간 이순신'의 모습을 동시에 확인할 수 있는 것이다.

"비가 그치지 않으니, 싸움하는 군사들이 오죽 답답하겠는가"와 같은 표현에서는 병사의 고통을 읽고 고민하는 지휘관의 자상함을 읽을 수 있다. "해 진 뒤 항복한 왜인들이 광대놀이를 간절히 바라기 때문에 금하지 않은 일이 있었다"라는 내용에서 항복한 왜군들에게도 어느 정도 배려를 해 주었음을 알 수 있다. 본인 스스로 '장수 된 사람으로서 해서는 안 되는 일'이라고 하면서도, 인정상 어쩔 수 없었음을 고백하는 순수한 면을 보이기도 했다.

부하의 죽음에 대해 "애통함을 어찌 다 말하랴"라고 하거나, 병든 병사를 보고 "학질을 앓아 몹시 말랐다. 매우 딱하다"라고 하는 등 병사들의 고통을 자신의 고통으로 받아들였다. 고생하는 병사들의 노고를 풀어 주자는 생각에서 씨름 대회를 열거나 술과 음식을 내주고 함께 즐겼다. 전시에는 생사를 함께하는 전우로서, 평상시에는 동고동락하는 대상으로서 인식했던 것이다.

데리고 있던 노비가 죽자 진심으로 가엾다고 토로했으며, "밤 10시쯤 관청 노비 급창과 금산, 처자 3명이 유행병으로 죽었다. 3년 동안 눈앞에 두고 믿고 부리던 자들인데, 하룻저녁에 죽어 가니 참혹하다"라고 고통스럽게 독백했다. 신분에 관계없이 함께 고생했던 사람들에 대한 배려와 위로의 마음을 잃지 않았다. 노비의 죽음을 안타까워했던 이순신은 1594년 8월 29일 의병장 성응지의 죽음에 대해서도 참으로 슬프다고 표현했고, 사망한 군졸들을 위한 제사 비용으로 쌀 2섬을 주었다. 장남 회薈

가 하인에게 곤장을 쳤다는 말을 듣자 아들을 앉혀 놓고 꾸짖었다. 하인이라도 함부로 대하면 안 된다는 자세를 가르친 것이다.

내란과 외침, 천재지변 등 국가적 위기 상황과 재난이 닥칠 경우 권력과 부를 가진 기득권층들은 어느 정도 피할 수 있었다. 상대적으로 더 큰 곤욕을 치른 계층은 언제나 일반 백성들이었다. 일기 속에는 백성들의 고통을 아파하는 모습도 녹아 있다.

환곡[還上] 때문에 백성이 매를 맞다가 죽은 일이 발생하자 실로 놀라운 일이라고 한탄했고, 양식이 떨어져도 아무런 계책이 없다는 말에 민망하기 그지없다는 말로 걱정했다. 백성들이 굶주려서 서로 잡아먹는 일과 추위로 오른쪽 발가락이 얼어 터진 사람의 상황을 걱정하는 내용을 그대로 기록했다. 백성의 고통을 도외시하는 관료들은 절대로 볼 수 없었던 세심한 부분까지 매의 눈으로 직시했던 것이다.

전쟁으로 인해 주변 지역이 온통 쑥대밭이 된 참혹한 상황에, 전선 정비를 면제해 줌으로써 고통에 빠진 병사와 백성의 마음을 달래 주었다. 백성에게 피해를 끼치는 하급 관리들의 폐단을 지적하고, 백성들의 어려움[疾苦]을 덜어 줄 수 있는 방안의 모색에 큰 관심을 기울였다. 피난민을 만났을 때 "말에서 내려 손을 잡고 타일렀다"라는 기록에서도 냉엄함과 동시에 자애로운 정을 지닌 덕장 이순신의 면모를 읽을 수 있다. 1948년 월북한 작가 최익한(1897~?, 본관 강릉, 호 창해)은 이순신이 정읍 현감과 태인 현감으로 겸관한 당시의 활약을 소개하면서, "장군은 민중과 접촉하면 반드시 그들의 지지를 받았다"라고 평가했다. 단편적인 평가이기는 하지만, 이순신의 애민정신을 확인할 수 있다.

수영 주변 농부들과 병영 내 병사들이 진심으로 따르지 않았다면, 이순신의 승리는 단언컨대 없었을 것이다. 이순신 혼자 치른 전쟁이 아니었기 때문이다. 전쟁 중에도 농민을 비롯한 일반 백성들과 병사들의 처우에 관심을 가지고 노고를 품어 주었기에, 그들의 지지와 신뢰를 바탕으로 승리의 기반을 다질 수 있었다. 즉 인을 실천하는 애민, 애병정신에서 비롯된 승리라고 하지 않을 수 없다.

3) 합리적 비판과 지지의 대인관계: 의義

"위에서 밤낮으로 염려하고 애쓰는 일을 들으니, 그 강직한 마음과 그리움이 끝이 없다." — 『난중일기』 1594년 2월 12일

의義는 사람이 살아가는 데 있어서 마땅히 지켜야 할 도리를 말한다. 양 양羊과 나 아我의 합성어로, 나 자신[我]을 희생양犠牲羊으로 바친다는 헌신의 의미가 담겨 있다. 이는 사람과의 관계에서 상대를 배려하지 않고 자신의 이익만 챙기는 인물과는 오래 유지될 수 없다는 전제에서 비롯한다. 맹자는 사대부의 특징은 의리에 있다고 했다.

통상 선비정신의 본질을 절의節義라고 하는데, 절의는 절개節介와 의리의 합성어로, 인간으로서의 도리에 입각해 지조 있게 행동하는 것을 말한다. 조선 초기 단종복위운동을 주도했던 사육신과 병자호란 당시 의리론을 주장했던 삼학사가 떠오른다. 이순신의 선공후사·여민동락與民同樂의 실천 태도와도 직결된다.

사람이 사람을 대하는 일은 대단히 어렵고 까다롭다. 상대방의 속마음을 읽지 못하니 관계가 부드러울 수 없다. 대체로 인간관계의 문제는 상대방의 생각이 나와 다를 수 있다는 전제를 인정하지 못하기 때문에 발생한다. 대인관계가 좋은 사람은 다른 사람의 생각이나 감정을 잘 이해하고, 조화로운 관계 유지를 위해 노력한다. 갈등이 생겼을 때도 부드럽게 해결할 수 있는 능력을 발휘한다. 역으로 대인관계가 서툰 사람은 고통과 실패의 원인을 '남 탓'·'사회 탓'·'조직 탓'으로 돌리고 현실을 혐오하는 특징을 지니고 있다. 물론 지도자에게 요구되는 가장 중요한 자질 중의 하나가 대인관계를 부드럽게 하는 능력이다. 지식과 기술의 변화속도가 빨라지고 있는 현대사회에서도 새로운 환경변화에 적응하는 능력과 더불어 대인관계 능력이 여전히 중요한 요소로 작용하고 있다.

아무리 머리가 좋고 재능이 뛰어나도 인간관계가 나빠서 실패한 사람이 많다는 『도덕경』의 말처럼, 최고 지도자일수록 말을 삼가고 행동을 조심해야 한다. 그의 언행이 주변에 미치는 영향이 엄청나게 크기 때문이다. 덧붙이자면, 더불어 할 수 있는 일과 할 수 없는 일을 정확하게 판단해서 문제를 처리하는 것도 지휘관에게 요구되는 가장 중요한 자질 중 하나이다. 내부적으로 통제 가능한 일인지, 외적 요인을 고려해야 하는 것인지 정확하게 판단한 뒤에 지시해야 한다. 무조건 엄하게 하거나 무조건 부드럽게 한다고 해서 해결되지 않는다. 크고 넓게 보고, 강하되 부드럽게 결정하는 예리한 판단이 필요하다. 당항포해전 직전에 "작은 이익을 보고 들이치는 것은 큰 이익을 이루지 못할 것이니, 아직은 가만히 있다가 적선이 더 많이 나오는 때를 기다렸다가 무찌르자"라는 이순신의 판단은 지휘관의 교과서적인 모범을 그대로 보여 준다. 옳은 방향을 지시하지 못하는 지휘관이 병사들과 원만한 관계를 맺을 수는 없을 것이다.

일기 속에서 이순신은 자신을 모함하는 인사들에 대해서는 불편한 감정을 그대로 표현했고, 유성룡처럼 절대적인 신뢰를 보인 경우도 있다. 인물에 대한 평가는 긍정적인 내용보다 부정적인 내용이 훨씬 많다. 매일매일이 긴장의 연속이었고 일치단결하더라도 전쟁의 승리를 장담할 수 없었던 상황이었다. 어쩌면 스스로의 경각심 제고를 위한 수단의 하나로 다른 인사들을 비판했을지 모른다.

삼도수군의 수사들과 주변 지역의 지휘관들에 대해서도 상당히 자주 언급했다. 대체로 전략 및 전술 구상과 관련된 내용이 주를 이루고 있지만 활을 쏘거나 술을 마신 이야기, 장기나 바둑 등 망중한을 즐긴 내용도 제법 많다. 많은 인사들이 거론되어 있지만, 빈도수가 가장 높은 인물은 단연코 원균이다. 전쟁 수행과 관련된 내용이 대부분이고 술 문제로 비판한 경우도 상당하다. 유성룡이 16번, 권율이 11번 거론된 것에 비해 원균은 104번이나 된다. 빈도수가 높다는 것은 둘 사이의 관계가 상당히 밀접했다는 것을 방증한다. 그러나 서술된 내용을 보면 소통과 협력보다 갈등과 대립이 훨씬 많았다. 이순신과 원균의 관계를 이해하는 데 상당히 중요한 요소가 아닐 수 없다.

일기에는 이순신이 원균, 유성룡과 맺은 대조적인 관계성이 잘 드러난다. 아래에서 각각 살펴보자.

(1) **원균**(1540~1597, 본관 원주)

임진왜란 발발 당시 이순신은 여수에 본영을 둔 전라 좌수사, 원균은 거제에 본영을 둔 경상 우수사였다. 어려서부터 같은 동네에서 어울렸던 두 사람의 위수지역이 상당히 밀접해 있었던 것이다. 가까운 지역에서 수군을 지휘했던 만큼 전략과 전술의 강구를 위해 수시로 만났고 심도 있게 군사기밀을 논의했다.

단언컨대 위기에 빠진 나라를 구해야 한다는 점에서는 두 사람의 생각이 동일했을 것이라고 확신한다. 그러나 전쟁을 보는 인식 차이와 전공 다툼으로 상당한 갈등을 겪었다. 원만한 관계성은 상호 존중하는 자세에서 나오는데, 두 사람은 갈등의 골이 깊었다. 그런 불편한 감정이 일기에 고스란히 반영되어 있다.

1593년 웅포해전 시 이순신의 전략에 적군이 혼란한 상황에 빠졌다. 그런데 당시 전투에서 발포(고흥군 도화면 내발리) 2호선과 가리포(완도군 완도읍) 2호선이 명령을 안 듣고 돌진했다가 적에게 습격을 당한 일이 있었다. 이때 경상도 좌위장左衛將과 우부장右部將이 못 본 체하며 구하지 않았는데, 이순신은 근본 원인이 원균의 리더십에 있다면서 '한심한 일'이라고 비판했다. 주변 인사들이 전하는 원균의 비리를 듣고 마음이 아프다고 하거나, 원균의 술주정을 강하게 비판하기도 했다.

술은 대인관계를 부드럽게 하거나 어색한 상황을 타개하는 윤활유 역할도 하지만, 과하면 반드시 문제를 일으킨다. 그래서 음주를 하되 절제해야 하고 건강을 해칠 정도로 마시면 안된다고 하는 것이다. 이순신은 술의 위험성을 여러 곳에서 언급했고, 그 과정에서 술 문제를 상대방을 평가하는 기준으로 삼기도 했다. 더군다나 평소 선공후사와 여민동락을 철저히 실천했던 이순신은 이에 반하는 인사들, 특히 술 문제를 일으키는 자에 대해서는 지위고하를 막론하고 가차 없이 비판했다.

원균의 주사를 비판한 내용은 여러 곳에서 확인된다. 원균의 술주정에 장병들이 놀라고 분개하지 않는 이가 없다며, "술을 청하기에 약간 주었는데, 잔뜩 취해서 흉악하고 도리에 어긋나는 말을 함부로 하는 것이 가소로웠다"라고 비판했다. 두 사람이 대화 중 술을 마신 적이 있었는데, "미친 말이 많으니 우스운 일"이라고 폄하했다. 동료 장수의 말을 '미친'이라고 표현한다는 것은 상대에 대한 신뢰가 전혀 없음을 방증한다. 또한 전략회의 중 술에 취해 이야기를 하지 못했던 사건 이후 얼마 지나지 않아 취해서 말을 함부로 하자, "극히 흉악하다"라는 극언까지 서슴지 않았다. "수군 여러 장수들 및 경주의 여러 장수들이 서로 화목하지 못한 것"은 원균이 술에 취해 망발을 부린 때문이라며 비판했다. 함께 술을 마시면서 대화를 나누었는데, 다음 날 원균 혼자만 일어나지 못한 일과 사량포 도착이 늦은 사실도 강하게 질책했다.

술주정에 대한 비판은 다른 장수에게도 동일하게 적용되었다. 대규모의 적을 치기 위한 작전 회의에 원균이 참석하지도 않고, 휘하의 지휘관들이 술을 많이 마셔 주정을 부린 일이 있었다. 이때 이순신은 원균과 부하 장수들의 주정이 인성 문제라는 발언까지 서슴지 않았다. 전쟁의 승리를 저해하는 어떤 요소든 터럭만큼도 용납하지 않았던 이순신의 태도로 볼 때, 전략 회의 불참은 용서할 수 없는 행동이었다. 술 문제로 전략 수립에 차질이 생기거나 군기가 무너져서는 안 된다는 강한 의지를 읽을 수 있다.

전쟁 공과를 둔 이순신과 원균의 갈등은 이순신의 파직과 서울 압송, 투옥으로 이어질 정도로 상당히 심했다. 일기에는 원균이 작성한 장계의 초본을 보고 "내용의 고약함"과 같이 표현하여 불편한 감정을 감추지 않았다. 또 "음흉하고 고약한 일이 많으니, 허무맹랑한 꼴은 이루 말할 수가 없다"라고 할 정도로 비판적이었다. "예부터 남의 공을 시기하는 것이 이와 같으니,

무엇을 한탄하랴"라는 표현에서, 이 둘이 도무지 어울리기 어려웠던 관계였음을 알 수 있다.

원균이 거짓 공문서를 작성하여 부대를 동요시킨 일이 있었다. 이에 대해 "음흉하고 고약한 행위"라고 했고, 명나라 관료 송응창이 준 불화살을 독차지하였을 때는 "우습다"와 "가소롭다"라는 말로 무시했다. 원균에 대해서 '음흉' 또는 '원흉'이라는 표현이 여러 차례 나온다. '마음이 엉큼하고 흉악'하다는 의미의 '음흉'은 상대방에 대한 극도의 혐오감을 드러내는 표현이다. 동료 장수에 대한 표현이라고 하기에는 대단히 부적절하지만, 이를 사용했다는 것은 원균에 대한 이순신의 불신을 그대로 보여 준다.

웅천의 왜군이 감동포(부산시 사하구 감천동)로 들어올지 모르니 공격하자는 원균의 제안에 "흉계가 가소롭다"라고 했고, 새벽에 나가 적을 치자는 의견에 대해서는 "흉계와 시기심은 말로 표현할 수 없다", "흉측하고도 거짓스러워"와 같은 말로 동의하지 않았다. 인접 지역 사령관이지만 협력은 물론 전략과 전술조차 공유할 수 없다는 태도이다. 왜적 토벌을 위한 급박한 공문을 보냈는데 술에 취해 대답이 없는 상황이 발생하자, 원균에 대한 신뢰는 사실상 깨끗하게 사라졌다고 생각된다. 그러다 보니 원균 휘하의 군관이 적선의 후퇴를 언급했을 때에도 원수사와 군관은 평소 거짓말을 잘하니 믿을 수 없다고 했다. 군사 행동이 더딘 일로 곤장을 때린 원균의 행위조차 해괴하다는 말로 깎아내렸다.

장문포해전을 앞둔 시점에 삼도의 지휘관을 불렀을 때, 원균은 병을 핑계로 오지 않았다. 전시 상황이었으므로 통제사의 명령을 어긴 원균을 즉결 처분해도 무방했다. 그러나 이순신은 그러한 조치는 취하지 않았다. 장수에 대한 최소한의 예의는 지켰던 것이다.

명령을 거역하는 등 원균의 다양한 실수에 대해서 이순신만 비난한 것이 아니었다. 체찰사의 공문에 원균을 문책하는 말이 많았다거나, 번번이 모순된 말을 하는 것에 대해 "어처구니없다"라고 권율이 책망하자, 원균이 머리를 들지 못했다는 내용 등을 통해서 확인할 수 있다. 수군 지휘관들 역시 여러 차례 원균의 무고誣告 행위를 지적했다. 이에 대해 참으로 해괴하다거나, 흉패凶悖한 꼴을 모두 말할 수 없을 정도라고 비판했다. 고약한 짓을 많이 해 놀랍다거나, 무식한 것이 가소롭다, 심지어 미친 짓이라는 하동 수령의 언급을 인용하기도 했다.

1597년 4월 1일 출옥 이후 백의종군 길에서는, 투옥 기간 동안 있었던 원균 관련 일을 전해 듣게 되었다. "망령되고 패악한 짓", "흉악한 자의 못된 짓", "음흉한 자의 짓" 등과 같이 상당히 부정적인 이야기가 그대로 기록되어 있다. 심지어 원균이 보낸 어머니에 대한 문상 편지조차 억지로 한 일이라고 깎아내렸다. "음흉한 사람(원균)의 무고하는 행동이 심했는데 임금이 굽어 살피지 못하니, 장차 나랏일을 어찌할꼬"라는 체찰사의 우려를 그대로 기록했다. 비변사에서 온 공문을 이야기하면서, "(통제사 원균은) 절대로 다른 여러 장수들과 합의하지 못할 것이고 일을 엎질러 버릴 것이 뻔하다"라며 작전의 실패를 예상하는 권율의 언급도 그대로 기록했다.

권율과 작전 회의를 나눈 한 달 뒤인 7월 16일에 원균은 칠천량해전에서 참패했다. 이틀 뒤 패전 소식을 들은 이순신은 "듣자니 통곡이 터짐을 이길 수 없다"라고 하면서, 본인이 직접 내려가서 상황을 본 뒤에 방법을 모색하겠다는 의지를 권율에게 피력했다. 칠천량해전 이후 원균에 대한 분노와 불편한 심기는 "대장(원균)의 잘못을 말하는 것은 차마 입으로 옮길 수가 없고,

그 살점이라도 뜯어 먹고 싶다"라는, 그 부하들의 표현으로 대신했다.

전략과 전술, 전공에 대한 갈등 및 술 문제와 더불어 원균의 개인적 문제에 대해서도 비판했다. 사부와 격군이 거의 굶어 죽을 상황인데도 주변 장수들의 여인과 관계한 사실을 비판했다. 활쏘기 시합에서 크게 지고 갔다거나, 심지어 원균이 차린 술상을 보고 먹을 것이 하나도 없다는 말까지 했다. 원균 역시 여러 차례에 걸쳐 주변 인사들에게 이순신에 대해 부정적인 말을 옮겼다. 이순신은 '망령된 짓'이므로 상관하지 않는다는 입장이었다. 그럼에도 한번은 '서울에서 내려온 영의정과 병조판서의 편지에, (원균이) 날더러 머뭇거리며 앞으로 나가지 않는다고 했다는 말을 들었는데, 이는 천고에 탄식할 일'이라고 토로했다.

원균에 대해 부정적으로만 표현한 것은 아니었다. 원균이 왜적 300명을 죽였다고 보고하자 "대단히 기쁜 일"이라고 하면서 적극 호응했다. 원균이 자신의 잘못을 고백하자 임금에게 올리는 장계의 문장을 고쳐 주기도 했다. 그러나 이러한 긍정적인 표현은 그리 많지 않다. 이순신은 생과 사를 넘나드는 전투에서 리더십을 잃고 패전을 초래하여 부하 장병들을 죽이는 상황은 절대로 받아들이지 않았다. 따라서 어떤 경우든 승리에 방해가 되는 행위는 용서하지 않았는데, 실수를 연발했던 원균은 눈엣가시일 수밖에 없었다. 칠천량해전의 참패로 많은 사상자를 낸 패장 원균에게 극도의 분노를 표출하고 적대적으로 대했음은 당연한 일이었다.

한 가지 생각해 볼 점도 있다. 『난중일기』에 드러난 내용을 모두 액면 그대로 받아들일 수 있을까? 여기에 대해서 확답을 내리기는 어렵다. 개인일기의 특성상 객관성을 담보하기 어려운 것이 사실이고 두 사람이 전쟁 초기부터 갈등을 빚었던 것도 분명한 사실이다. 더군다나 원균과 그가 속한 당파의 끊임없는 비난과 모함이 이어져 죽음 직전까지 갔던 이순신이었다. 여기서는 명령 불복종을 일삼고 갈등과 대립을 일으켰던 원균의 행위는 분명히 잘못된 것이었다고 언급해 두는 것으로 그치고자 한다.

군기 문란 행위는 패전으로 이어질 것이 자명했다. 그러다 보니 잘못된 행동을 하는 장수를 비판하여 장병들의 교훈으로 삼아야 했다. 특정 인사에 대한 비난 수위가 높은 것은 전쟁의 승리를 향한 의지의 다른 표현이었다고 할 수 있다.

(2) 유성룡(1542~1607, 본관 풍산)

유성룡은 이황의 문하에서 학봉 김성일과 동문수학했던 남인계 인사이다. 어린 시절부터 이순신과 어울렸다. 잠시 김성일에 대해 짚고 넘어가자면, 그는 주지하듯이 1590년 4월 29일 정사 황윤길, 서장관 허성과 함께 통신사의 부사로 일본에 다녀왔다. 이듬해 1월에 귀국하여 선조에게 일본의 정세를 보고하는 과정에서 일본의 침략이 없을 것이라고 했다. 불확실한 침략 가능성보다 전쟁설 유포로 인한 민심의 동요를 우려해서 그렇게 보고했다고는 하지만, 이 때문에 왜란에 대한 경각심이 늦추어졌음은 물론이다. 이는 문화적·군사적 대국인 중국은 사대관계로 유지한 반면, 일본은 야만적인 민족 또는 노략질을 일삼는 왜구 정도로 인식해 온 조선의 전통적인 대일본관과 무관하지 않다.

이순신보다 세 살 위였던 유성룡은 누구보다 이순신의 성품을 잘 알고 있었다. 이순신이 무과 급제 후 관직에 진출하자 적극 추천하고 후원했다. 1589년(선조 22)에는 정읍 현감(종6품)으로, 이듬해에는 고사리진의 병마첨절제사로 추천했다. 왜란 직전에는 형조정랑 권율을 의주 목사, 정읍 현감 이순신을 전라 좌수사에 천거하는 등 이순신의 관로에 큰 영향을 끼쳤다. 전쟁 중에도 두 사람은 돈독한 관계를 유지하면서 편지 등으로 적극 소통했다. 그런데 원균에 대한 언급이 많은 것과 달리 유성룡에 대한 언급은 16번 정도에 불과하다. 일기 속 이순신과 유성룡의 관계를 살펴보자.

임진왜란 직전에 유성룡이 편지와 함께 병법서(『증손전수방략增損戰守方略』)를 보낸 적이 있었다. 이에 대해 "해전과 육전 및 불로 공격[火攻]하는 방법 등에 관한 것이 상세하게 정리되어 있는 대단한 저술이다"라고 극찬했다. 유성룡이 보낸 편지에 답신과 함께 전복을 정표로 보내기도 했으며, 편지를 받고는 "위에서 밤낮으로 염려하고 애쓰는 일을 들으니, 그 강직한 마음과 그리움이 끝이 없다"라고 했다. "나라를 걱정하는 마음이 이분보다 더한 사람은 없을 것"이라는 극찬을 보면, 원균과는 달리 유성룡을 어느 정도 신뢰했는지 잘 볼 수 있다. 주변에 호의적인 인사보다 견제 혹은 비난하는 사람이 많았던 상황에서 아마도 믿고 의지했던 유일한 사람이 유성룡이었음을 알 수 있다.

유성룡이 죽었다는 이야기를 듣고는, "이는 반드시 질투하는 자들이 만들어 낸 말일 것이다. 분함을 참지 못하겠다. 이날 밤 마음이 심란해서 홀로 마루에 앉아 있는데, 스스로 마음을 건잡을 수 없었다. 걱정이 쌓여 밤 깊도록 잠을 이루지 못했다. 만일 유 정승이 어찌 되었다면 장차 나랏일을 어찌할 것인가"라고 하며 믿지 않았다. 결코 신뢰할 수 없는 정보라고 하면서도, 유성룡에게 정말 무슨 일이 있을까 걱정하는 마음이 그대로 배어 있다. 이러한 정 깊은 태도는 가끔 유성룡에게 유자 같은 선물을 보내는 호의로 이어졌다.

꿈에서 만나 함께 나라를 걱정했다며 그 대화 내용을 일기에 남기거나, 천식이 심했던 유성룡의 병세를 걱정하기도 했다. 평소 이순신이 보인 호의에 유성룡 역시 출옥하는 이순신을 위해 종을 보내 위로하는 성의를 보였다. 두 사람은 상당히 자주 편지를 주고받았는데 이 역시 깊은 신뢰를 보여 준다.

사람은 아무리 뛰어난 역량을 갖추었다고 하더라도 어렵고 위급한 상황에 직면하면 주의력이나 집중력, 지구력이 떨어지고 결국 폐단이 늘어난다. 자연스럽게 자신의 실수를 숨기려는 경향도 강해진다. 주위 사람들에게 믿음을 주기보다는 불신과 불통의 늪에 빠져 상황을 더욱 어렵게 만들기도 한다. 침략군과 전쟁을 치르는 이순신을 더욱 어렵고 힘들게 한 요인은 원균을 비롯한 주변 인사들과의 대립 등 인간적인 번뇌였다. 어떤 싸움도 승리로 이끌어 냈던 불사조 같은 영웅이었지만 인간적인 감정에서 자유롭지 못했다. 그러다 보니 자신을 비난하는 인사에 대해서는 격하게 반응했고, 지지하는 인사에 대해서는 한없는 믿음과 신뢰를 보냈던 것 같다. 물론 의리에 비추어 볼 때 합당한 비판과 지지의 이유가 있었음은 분명하다.

『난중일기』에 언급된 수많은 인사들에 대한 비판과 칭송을 또 다른 논쟁의 근거로 삼는다면 분명히 잘못이다. 이순신은 지휘관으로서 주변의 많은 관계를 전쟁이라는 특수한 국면에 도움이 되는, 혹은 그렇지 못한 것으로 명료하게 양분할 수밖에 없었기 때문이다. 따라서 원균 등에 대한 역사적인 평가를 자세히 논하는 것은 다른 기회로 넘기고, 여기서는 『난중일기』에 남은 기록을 토대로 이순신의 대인관계를 알아보는 것에서 만족하고자 한다.

일반적으로 전쟁의 개념은 조직화된 정치 집단이 자신들의 정치적 목적을 다른 집단에게 강제하기 위해 사용하는 폭력행위로 정의된다. 여기서 정치 집단이란 씨족이나 부족이 될 수도 있고, 국가 내외에 형성된 두 개 이상의 정치 세력일 수도 있다. 그러나 주로 이념과 사상이 서로 다른 국가 조직이 상대 국가의 이익을 차지하려고 하는 적대 행위라고 할 수 있다. 역사 속에서 전개된 수없는 전쟁과 지금도 전개되고 있는 전쟁의 대부분은 국가 조직에 의해 자행되었기 때문이다.

전쟁은 인류 역사의 전개 과정에 엄청난 영향을 끼쳤을 뿐만 아니라, 현재도 전쟁으로부터 완전히 자유롭지 못하다. 전쟁의 경험이 없어 나에게 닥칠 피해를 모르겠다는 소박하고 낭만적인 생각은 분명히 잘못이다. 거시적으로는 국가와 민족의 역사적 체험이지만, 미시적으로는 백성들의 혹독한 개인사적 체험이 전쟁인 것이다. 더군다나 민족 간 국가 간의 전쟁에서는 권력층보다 일반 시민들의 피해가 훨씬 크다.

천재 물리학자 아인슈타인(1879~1955, 독일 출신)은 인류가 존재하는 한 전쟁은 사라지지 않는다고 했다. 따라서 평화 시에 전쟁을 대비하라는 말은 언제나 진리이다. 지금도 세계 곳곳에서 국지전이 벌어지고 있는 것을 볼 때, 전쟁은 현재진행형이 분명하다. 지구상 유일한 분단국가인 우리의 경우, 다른 나라에 비해 전쟁의 위협으로부터 더욱 자유롭지 못하다.

전쟁 시 군대와 정부, 국민이라는 삼각대 중 하나라도 무너지면 패할 수밖에 없다. 임진왜란에서는 이순신의 헌신과 백성의 희생이 조정의 무능함을 대신한 셈이다. 그렇지 않았다면 조선왕조는 분명히 붕괴되었을 것이다. 멸망 직전의 나라를 구한 임진왜란의 승리를 기적이라고 하는 이유이다.

조선 중기, 일본이 조선을 침략한 임진왜란은 조선의 국가체제를 근본부터 뒤흔든 미증유의 전쟁이었으며, 정치와 경제 및 사회와 문화 등 기존의 모든 질서를 통째로 붕괴시켜 버렸다. 침략 대비에 무관심하고 백성들의 고난에 무책임했던 기존 체제에 대한 불신과, 그 가운데 피폐해진 생활을 극복하고자 하는 백성들의 의지는 사회제도와 가치관까지 바꾸어 버리기도 했다. 무엇보다 주목되는 것은 백성들 주도의 체제 비판이 일어났고, 새로운 사회를 갈망하는 민중의식이 확산되었다는 사실이다. 7년간의 길고 혹독한 전쟁을 치르면서 인간 생명의 존엄성과 삶에 대한 새로운 인식이 싹텄으며, 『난중일기』에도 이러한 시대적 상황과 시대 의식이 고스란히 반영되어 있다. 즉 전쟁 과정에서 경험하고 느낀 기억의 파편들과 당면한 현실을 고민하고 해결하려는 열정이 일기 속에 고스란히 녹아 있는 것이다.

『난중일기』는 1592년 1월 1일부터 작성되었지만, 대체로 전라 좌수군이 처음 출전했던 1592년 5월 4일부터 1598년 11월 17일 사이에 작성된 전형적인 진중(병영)일기이다. 어떤 이는 평이한 일기문학으로 보고, 또 어떤 이는 전쟁을 승리로 이끌어야 하는 장수의 고독하고 강렬한 일상이 반영된 전쟁문학으로 보기도 한다. 일상적이면서 평이하다고 보는 시선은, 인간적인 고뇌와 심정을 담백하게 드러낸 부분에 집중했기 때문이라고 생각된다. 그러나 치열한 대치 상황과 위기, 돌발사태가 난무했던 전쟁터에서 작성된 일기라는 점에서, 단언컨대 전쟁 문학의 백미라고 하지 않을 수 없다.

『난중일기』는 거리, 관계상 주로 이순신 주변의 사건과 인물을 다루고 있다. 그 외에는 편지나 혹은 먼 곳에서 온 사람들을 통해 들은 것이 대부분이다. 직접 겪은 일과 전해 들은 소식이 골고루 안배되어 있다. 그리고 전쟁에 얽힌 이야기와 전쟁의 체험에서 나타나는 개인적인 심회가 있는데, 이런 모습들이 『난중일기』의 특징 중 하나라고 할 수 있다.

또한 이순신 자신이 행동하고 느꼈던 모든 체험이 대단히 구체적으로 서술되어 있다. 직접 전쟁에 참여한 이순신의 공적인 자아뿐만 아니라 인간적이고 사적인 모습까지 광범하게 녹아 있는 것이다. 그리고 『난중일기』의 여러 곳에서 확인할 수 있는 다양한 문학적 표현을 통해 무신이었던 이순신이 문신에 버금가는 학문적, 선비적 기풍을 지녔음을 살필 수 있다. 이는 그가 지은 여러 수의 시조를 통해서도 확인할 수 있는 부분이다. 『난중일기』를 통해 볼 수 있는 이순신은 한마디로 문무를 겸비한 당대의 지배 엘리트, 리더십을 갖춘 훌륭한 장수라고 할 수 있다.

아래에서 『난중일기』의 특징과 성격을 살펴보자.

첫째, 생과 사의 갈림길에서 목숨을 걸고 선두를 이끌었던 장수가 전쟁의 현장에서 몸으로 체험하고 느낀 바를 소상하게 기록한 전쟁일기의 최고봉이라는 점이다. 조선시대에 작성된 여러 종류의 전쟁일기가 전해지고 있지만, 『난중일기』만큼 당시의 상황을 구체적이고 상세하게 묘사하고 있는 것은 매우 드물다. 전쟁을 직접 지휘했던 작자의 복잡한 심중과 현실인식 태도가 그대로 녹아 있는 풍부한 내용의 병영일기라고 할 수 있다. 전반적으로는 전쟁 관련 내용이고, 오로지 승리를 통해 국가를 지키겠다는 의지가 강하게 묻어 있다. 술을 마시면서도 전략을 구상하고, 바둑이나 장기를 두면서도 전술을 논의했다. 수많은 인사들이 방문하여 논의한 내용 대부분이 전쟁과 관련된 것이었다. 그런 점에서 이순신과 『난중일기』, 임진왜란은 하나로 이해될 수밖에 없는 것이다.

둘째, 기록의 소중함과 철저함 등 기록문화의 진수를 보여 준다. 이순신의 엄격하고 냉정한 진중생활 모습과 국정에 대한 솔직한 평가 등이 상세하게 기록되어 있다. 전쟁 비망록과 군사비밀 계책, 가족·친지·부하·내외 요인들과의 왕래, 상벌 사항, 정치·군사에 대한 서신 교환 등의 내용도 매우 구체적이다. 전쟁 당사자의 기록으로서 전쟁의 실상과 전후의 사정, 백성의 모습까지 정확하게 수록하고 있다는 점에서 역사자료로서의 의미가 상당히 크다. 위장약으로 복용한 온백원, 유밀과의 일종인 중배끼, 음식의 하나인 연포軟泡 및 잘 알려지지 않은 전통술 과하주, 좌수영 관내 여러 지역의 이름 등 당시 삶의 흔적들이 일기의 곳곳에 고스란히 녹아 있어 당대 생활사를 밝힐 수 있는 고문서의 성격을 지니고 있다고도 할 수 있다. 이와 더불어 조보를 받았다는 기록이 있다. 조보는 군주의 동정과 인사 내용을 비롯해 조정의 공식적인 국정 운영 사항을 수록하여 중앙 및 각 지방에 보급했던 일종의 관보이다. 중앙 관청과 대신들에게는 매일 낱장으로, 지방에는 5일분이 전달되었다. 전쟁 중인 남해의 수영까지 조보가 전달되었다는 실제 사례를 확인할 수 있어 상당히 주목된다.

셋째, 가감 없이 솔직하게 기록하는 일기의 정형성을 살필 수 있다. 간결하고 진솔한 문장으로 공인으로서의 자세와 행동, 개인적인 심정과 태도 등을 잘 표현했다. 다른 사람이 볼 것이라는 생각이 들었다면 과감하게 생략했을 내용, 숨겨도 될 만한 일까지 기록했다. 전쟁 당시의 공적인 업무 등은 물론 지극히 사적인 일까지 꼼꼼하게 기록했던 것이다. 누군가 자신의 일기를 본다고 생각한다면 있는 사실 그대로 쓰기보다 각색된 문장으로 채울 것이다. 그런데 『난중일기』는 전쟁의 승리와 패배 및 당시 장수들의 잘잘못, 특정인을 신랄하게 비난하는 내용까지 빠뜨리지 않고 기록하고 있다는 점에서 의미가 크다.

넷째, 관찬의 실록에서 확인할 수 없는 내용이 상세하게 수록되어 있다. 관찬사서의 빈 부분을 보완할 수 있을 뿐만 아니라, 당시의 실상을 밝힐 수 있는 사료의 하나라는 의미 부여가 가능하다. 백성과 군인들의 당시 모습을 재현해 낼 수 있을 정도로 상세하여 생활사 사료로서의 가치가 크다.

끝으로, 극명하게 갈리는 이순신과 원균에 대한 평가를 어떻게 이해할 것인가 하는 점에 대해서 잠시 이야기해 보려 한다. 이순신의 개인적 기록인 만큼 『난중일기』의 객관성에는 분명 한계가 있다. 그러나 분명한 것은, 이순신에 대한 긍정적 평가가 기록을 남긴 자만의 특권, 혹은 기록을 남긴 자만의 승리가 아니라는 사실이다. 이순신이 전사한 후 사관의 논평을 보면 당시 공론이 이순신을 어떻게 평가하고 있는지 확인할 수 있다. 당시 논평을 보자.

"이순신은 가) 사람됨이 충용하고 재략도 있었으며 기율을 밝히고 군졸을 사랑하니 사람들이 모두 즐겨 따랐다. 전일 통제사 원균은 비할 데 없이 탐학하여 크게 군사들의 인심을 잃고 사람들이 모두 그를 배반하여 마침내 정유년 한산의 패전을 가져왔다. … 나) 국가를 위하는 충성과 몸을 잊고 전사한 의리는 비록 옛날의 어진 장수라 하더라도 이보다 더할 수 없다. 조정에서 사람을 잘못 써서 순신으로 하여금 그 재능을 다 펴지 못하게 한 것이 참으로 애석하다. 만약 순신을 병신년과 정유 연간에 통제사에서 체직시키지 않았더라면 어찌 한산의 패전을 가져왔겠으며 양호兩湖가 왜적의 소굴이 되었겠는가. 아, 애석하다."

— 『선조실록』 권106, 31년 11월 27일

가)의 '사람됨이 충성스럽고 전략이 풍부했다'는 표현은, 나)에서 '오직 국가를 위한 충의 실천'으로 이어졌다. 모름지기 그의 언행이 '선충후사先忠後私'에 부합했음을 강조하고 있는 것이다. 이전에 어떤 장수도 할 수 없었으며, 오로지 이순신만 할 수 있었다는 극찬을 아끼지 않고 있다. 또 사관은 정유년(1597) 2월에 이순신이 통제사에서 파직되지 않았더라면, 칠천량해전의 패전 및 호서와 호남의 초토화는 일어나지 않았을 것이라고 가정했다. 그만큼 이순신의 능력이 출중했고, 진정으로 국가에 대한 충을 실천했음을 당시에도 인정했다고 볼 수 있다.

이순신은 진정한 장군이었다. 그러나 한편으로는 당쟁으로 인한 갈등과 대립의 희생양이었으며, 다른 편으로는 어머니와 처자식을 돌보지 못하는 무책임한 가장이었다. 조정에서 상을 받았을 때는, "사직社稷의 위엄과 영험靈驗에 힘입어 겨우 조그마한 공로를 세웠을 뿐인데, 임금의 총애와 영광이 너무 커서 분에 넘치는 바가 있다. 장수의 직책을 띤 몸으로 티끌만 한 공로도 바치지 못했으며, 입으로는 교서를 외면서 얼굴에는 군인으로서의 부끄러움이 있음을 어찌하랴"라는 말로 겸손할 뿐이었다.

그의 머릿속에는 오직 나라의 안위와 백성의 고통 해결뿐이었다. "혼자 다락 위에 있었다. 나라의 정세가 아침 이슬처럼 위태로운데 안으로는 정책을 결정할 만한 기둥 같은 인재가 없고, 밖으로는 나라를 바로잡을 만한 주춧돌 같은 인물이 없음을 생각해 보니, 사직이 장차 어떻게 될지 몰라 마음이 심란했다. 하루 종일토록 누웠다 앉았다 뒤척거림을 했다"라는 일기의 내용은, 전쟁의 나락에 빠진 나라와 백성의 고통을 해결하려는 진정성을 보여 주고 있다.

언제나 '편안할 때 위험을 준비하라[居安思危]', '사적인 것을 없애고 나를 헌신하라[滅私獻身]'는 신념 아래 매진할 뿐이었다. 세종이 신하들과 끝장 토론을 통해 합의의 정치를 도출했다면[君臣共治], 이순신은 끝없는 고민과 솔선수범으로 병사들과 함께 전투를 반드시 승리로 이끌어 냈던 것이다[將兵共勝].

모름지기 지도자란 국가와 국민의 안전을 최우선 과제로 인식하고 이미 발생된 문제는 책임지고 해결해야 한다. 이순신도 동시대 다른 관료들과 마찬가지로 가족을 거느린 가장이었다. 그에게도 사랑하는 부모님과 처자식이 있었다. 그러나 모든 일의 처리에 있어 가정보다 국가가 먼저였고, 침략군을 물리치고 전쟁을 이기는 일이라면 추호도 양보와 타협이 없었다.

정치학에서는 지도자의 유형을 경세가經世家와 정략가政略家로 구분하고 있다. 경세가는 가정과 가족보다 국가와 민족이 우선이고, 정략가는 나와 내 가족의 이익 챙기기가 먼저이다. 진정

우리에게 필요한 지도자가 경세가임은 두말할 나위 없다. 진정한 지도자는 국민의 고통과 고민을 풀어 주어, 국민들이 정치(정치인)에 대해 갑론을박하지 않도록 하면 된다. 다시 말하면 국민이 정치를 걱정하지 않게 하면 될 일이다. 군군신신부부자자君君臣臣父父子子라고 했던 공자의 말처럼, 군주는 군주답고 신하는 신하답고 부모는 부모답고 자식은 자식다우면 된다. 이를 요즘 표현으로 고친다면, 대통령은 대통령답고 정치인은 정치인답고 경제인은 경제인답고 학자는 학자답고 학생은 학생답고 상인은 상인다우면 된다고 하겠다. 남의 일에 간섭하지 않고 자신에게 부여된 일에 충실하기만 하면 될 일이다.

이렇게 볼 때, 국가와 국민이 직면한 어려운 시기에 여와 야로 갈리고, 진보와 보수로 갈리고, 지역으로 갈리는 나라가 과연 제대로 된 나라일까? 국민의 생명을 담보로 정쟁을 유도하는 세력들이 과연 우리의 지도자라고 할 수 있을까? 아직도 혈연과 지연, 학연으로 편 가르기 하는 조직이 정당하다고 할 수 있을까?

전쟁이 발생하자 백성을 버리고 피난을 떠나는 선조의 어가에 돌이 날라 왔다. 선조의 가마에 돌을 던진 이들은 백성이었

다. 조세 납부와 군역 부담 등 국가와 관료들의 수많은 요구에
도, 자신의 의무를 하늘의 명으로 알고 논밭을 일구던 착한 백
성들이었다. 일본군이 도착하기도 전에 궁궐에 방화가 일어났
고, 조선 정치의 메카가 모두 타 버렸다. 군주와 조정 관료들을
신뢰하지 못하게 된 민심이 이반하기 시작했다.

임금도 버린 나라를 위해 침략군과 맞서 싸운 이는 이순신의
수군과 백성이 주축이 된 의병이었다. 남해안에서 수군을 이
끌던 이순신은 전쟁의 공적에 연연하지 않고 유비무환과 선공
후사를 실천할 뿐이었다. 독버섯처럼 번지는 병사들의 두려움
을 용기로 승화시키기 위해 노력했고, 군율의 확립을 위해서는
자식같이 사랑한 병사의 처형도 서슴지 않았다. 침략군도 두
려워하는 군대를 육성하고 탁월한 전략과 전술을 구축한 결과,
12척의 배로 수십 배 이상의 적군을 물리친 세계 해전사상 최
고의 전과를 올릴 수 있었던 것이다.

지금 현재도 우리에게 필요한 지도자는 여전히 이순신과 같
은 인물이 아닐까. 지금부터라도 임진왜란에 박제화되어 있는
이순신을 오늘의 우리 삶으로 끌고 나와야 한다. 전쟁을 승리
로 이끈 전략과 전술, 싸우면 승리하는 최강 군대를 만든 통솔

력을 배워야 한다. 나아가 이를 승화시켜, 국가와 민족보다 자신과 가족의 이익부터 챙기는 지도자들의 그릇된 리더십을 해결해야 한다. 지금 우리에게는 이순신의 탁월한 리더십과 강한 용기가 절실하게 필요하다. 그래서 오늘 다시, 이순신이다.

충무공 이순신과
주요 사건 연표

연도	나이	날짜	주요 사항
1545(인종 1)	1	3월 8일	서울 건천동(서울 중구 인현동) 출생
1565(명종 20)	21		보성 군수 방진의 딸과 혼인
1566(명종 21)	22	10월	무예 배우기 시작(장인 권유)
1567(명종 22)	23	2월	맏아들 회薈 출생
1571(선조 4)	27	2월	둘째 아들 울蔚 출생
1572(선조 5)	28	8월	훈련원 별과시험 응시(낙마로 탈락)
1576(선조 9)	32	2월	식년 무과 병과 급제
		12월	함경도 동구비보(압록강 상류) 권관(종9품)
1577(선조 10)	33	2월	셋째 아들 염苒 출생(면葂으로 개명)
1579(선조 12)	35	2월	훈련원 봉사(종8품)
		10월	충청 병사 군관
1580(선조 13)	36		중형 (요신) 사망
		7월	전라 좌수영 발포 만호(종4품)
1581(선조 14)	37	1월	군기 경차관 서익의 모함으로 파직
		5월	훈련원 봉사(종8품) 복직

연도	나이	날짜	주요 사항
1583(선조 16)	39	7월	함경도 남병사 군관(종9품)
		10월	건원보(함북 경원) 권관(종9품)
		11월	훈련원 참군(정7품)
		11월 15일	부친 사망(향년 73세)
1586(선조 19)	42	1월	사복시 주부(종6품)
		2월	함경도 조산보 만호(종4품)
1587(선조 20)	43	1월	장형(희신) 사망
		8월	녹둔도(조산보 근처) 둔전관 겸함
		9월	이일의 무함으로 파직 후 백의종군
1588(선조 21)	44	1월	시전 부락 여진족 정벌 공으로 백의종군 해제
1589(선조 22)	45	2월	전라 관찰사 이광 군관 겸 전라도 조방장 (종9품)
		11월	선전관(종9품) 겸함
		12월	정읍 현감(종6품)
1590(선조 23)	46	7월	고사리진 병마첨절제사(종3품)
		8월	만포진 첨사(대간 반대로 정읍 현감 유임)
1591(선조 24)	47	2월	진도 군수(종4품) 가리포진 첨사(종3품)
		2월 13일	전라 좌수사(정3품)
1592(선조 25)	48	4월 13일	임진왜란 발생

연도	나이	날짜	주요 사항
		5월 2일	한양 함락
		5월 7일	옥포·합포해전 승리
		5월 8일	적진포해전 승리
		5월 29일	사천해전 승리(거북선 첫 출전)
		6월 2일	당포해전 승리
		6월 5일	당항포해전 승리
		6월 7일	율포해전 승리
		6월 14일	평양성 함락
		7월 8일	한산도해전 승리
		7월 10일	안골포해전 승리
		8월 29일	장림포해전 승리
		9월 1일	부산포해전 승리(정운 전사)
		10월 5일	진주성대첩(김시민)
1593(선조 26)	49	1월 9일	평양성 탈환(조·명 연합군)
		2월 10일	웅포 진격
		2월 12일	행주대첩
		3월 6일	웅포해전 승리
		5월 2일	웅포해전 승리(2차)
		7월 15일	전라 좌수영 이동(여수 → 한산도)
			한산도 통제영 창설
		8월 15일	삼도수군통제사(종2품) 임명

연도	나이	날짜	주요 사항
1594(선조 27)	50	3월 4일	당항포해전 승리(2차)
		9월 29일	장문포해전 승리
		10월 1일	영등포해전 승리
		10월 4일	장문포해전 승리(2차)
1595(선조 28)	51	1월	맏아들 회 혼인
		2월	원균(충청 병사) 이직
1597(선조 30)	53	2월 6일	파직
		2월 25일	통제사 해임
		2월 26일	서울로 압송
		3월 4일	하옥
		4월 1일	출옥
		4월 11일	모친상(향년 83세)
		7월 16일	칠천량해전(원균·이억기·최호 전사)
		8월 3일	삼도수군통제사 재임명 교지 수령
		9월 16일	명량해전 승리
		10월 14일	셋째 아들 면 전사
1598(선조 31)	54	2월 18일	고금도로 진영 이동
		7월 16일	명나라 도독 진린과 연합작전
		8월 18일	도요토미 히데요시 사망
		10월 2일	왜교전투

연도	나이	날짜	주요 사항
		11월 19일	노량해전(순국)
		12월 4일	우의정 추증
1599(선조 32)	사후	2월 11일	아산 금성산 선영에 장사
		9월 9일	명군 완전 철수
1600(선조 33)			여수 충민사 건립(이항복 요청, 선조 사액)
1604(선조 37)			선무1등공신 책봉, 덕풍부원군 추봉, 좌의정 추증
1606(선조 39)			통영 충렬사 건립
1614(광해 6)			음봉 어라산으로 이장
1633(인조 11)			남해 충렬사에 충민공비 건립 (남해 현령 이정건)
1643(인조 21)			'충무忠武' 시호
1707(숙종 33)			현충사 현판 하사
1793(정조 17)		7월 21일	영의정 추증
1795(정조 19)			『이충무공전서』 간행(이후 7차례 간행)

참고문헌

1. 저서

김종대, 『이순신 평전』, 지평, 2002.

노승석, 『이순신의 리더십』, 여해고전연구소, 2014.

박혜일 외, 『이순신의 일기』, 서울대학교출판부, 1998.

이민웅, 『이순신 평전』, 책문, 2012.

임원빈, 『이순신 승리의 리더십』, 한국경제신문사, 2008.

장학근, 『충무공 이순신의 짧은 생애, 빛나는 삶』, 한국해양전략연구소, 2002.

제장명, 『이순신 파워인맥』, 행복한나무, 2008.

지용희 외, 『이순신 정신과 리더십』, 자연과인문, 2020.

최석남, 『구국의 명장 이순신』, 교학사, 1992.

최영희, 『이순신, 한국의 인간상』, 신구문화사, 1973.

현충사 편, 『충무공 이순신과 현충사』, 1999.

2. 역서

김경수 역, 『평역 난중일기』, 행복한책읽기, 2004.

_____, 『난중일기』, 돋을새김, 2011.

노승석 역, 『난중일기』, 여해, 2019.

박종평 역, 『난중일기』, 글항아리, 2018.

송찬섭 역, 『난중일기』, 서해문집, 2004.

이민수 역, 『난중일기』, 범우사, 2010.

이은상 역, 『이충무공전서』, 성문각, 1989.

_____, 『난중일기』, 현암사, 1993.

최두환 역, 『새번역 난중일기』, 학민사, 1997.

허경진 역, 『난중일기』, 중앙북스, 2014.

3. 논문집

순천향대학교이순신연구소 편, 『이순신연구논총』(1~32), 2003~2020.